IGREJA MEDIEVAL

COLEÇÃO HISTÓRIA NA UNIVERSIDADE – TEMAS

COORDENAÇÃO
JAIME PINSKY E CARLA BASSANEZI PINSKY

CONSELHO
JOÃO PAULO PIMENTA
MARCOS NAPOLITANO
MARIA LIGIA PRADO
PEDRO PAULO FUNARI

CIVILIZAÇÕES PRÉ-COLOMBIANAS • Alexandre Guida Navarro
ESTADOS UNIDOS NO SÉCULO XX • Flávio Limoncic
IGREJA MEDIEVAL • Leandro Duarte Rust
IMPERIALISMO • João Fábio Bertonha
INDEPENDÊNCIA DO BRASIL • João Paulo Pimenta
JUVENTUDE E CONTRACULTURA • Marcos Napolitano
PRÉ-HISTÓRIA DO BRASIL • Pedro Paulo Funari e Francisco Silva Noelli
REFORMA E CONTRARREFORMA • Rui Luis Rodrigues
RENASCIMENTO • Nicolau Sevcenko
REVOLUÇÃO FRANCESA • Daniel Gomes de Carvalho
ROTA DA SEDA • Otávio Luiz Pinto
SEGUNDA GUERRA MUNDIAL • Francisco Cesar Ferraz
UNIÃO SOVIÉTICA • Daniel Aarão Reis

Consulte nosso catálogo completo e últimos lançamentos em **www.editoracontexto.com.br**.

Leandro Duarte Rust

IGREJA MEDIEVAL

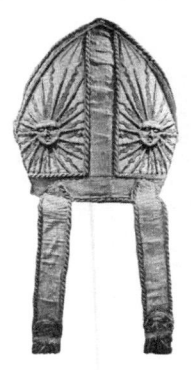

HISTÓRIA NA UNIVERSIDADE – TEMAS

editora**contexto**

Copyright © 2024 do Autor

Todos os direitos desta edição reservados à
Editora Contexto (Editora Pinsky Ltda.)

Ilustração de capa
Pesagem de almas em fragmento do retábulo de São Miguel
(final do século XIII), atribuído ao Mestre de Soriguerola
[Museu Nacional de Arte da Catalunha]

Montagem de capa e diagramação
Gustavo S. Vilas Boas

Coordenação de textos
Carla Bassanezi Pinsky

Preparação de textos
Ana Paula Luccisano

Revisão
Lilian Aquino

Mapas
Hugo Ferreira

Dados Internacionais de Catalogação na Publicação (CIP)

Rust, Leandro Duarte
Igreja medieval / Leandro Duarte Rust. –
São Paulo : Contexto, 2024.
160 p. ; il. (Coleção História na Universidade : Temas)

Bibliografia
ISBN 978-65-5541-523-0

1. História – Idade Média – Cristianismo
2. História eclesiástica – Idade Média I. Título

24-4503	CDD 909.07

Angélica Ilacqua – Bibliotecária – CRB-8/7057

Índice para catálogo sistemático:
1. História – Idade Média – Cristianismo

2024

EDITORA CONTEXTO
Diretor editorial: *Jaime Pinsky*

Rua Dr. José Elias, 520 – Alto da Lapa
05083-030 – São Paulo – SP
PABX: (11) 3832 5838
contato@editoracontexto.com.br
www.editoracontexto.com.br

Sumário

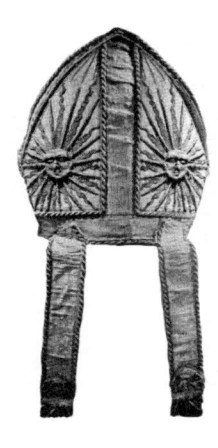

Introdução

A Igreja medieval é um tema atualíssimo. Sua presença nos dias de hoje transborda os limites do discurso historiográfico e atua como um poderoso mediador cultural, como um assunto pelo qual expressamos diferentes maneiras de estar no mundo. Quando falamos a seu respeito, frequentemente revelamos angústias, expectativas e interpretações sobre nossa vida em sociedade. Não é incomum encontrarmos, por exemplo, grupos que a exaltam como a instituição que assegurou a perpetuação da civilização ocidental, que deveria ser reconhecida como um modelo ético e político para se alcançar uma sociedade unitária, coesa, capaz de proporcionar aos indivíduos propósitos, valores, bem como papéis estáveis e duradouros. Essa imagem do passado longínquo como uma ampla comunhão de sentido a que as pessoas poderiam aspirar nos dias de hoje revela uma reação às crescentes crises de significado experimentadas na modernidade. Em outras palavras, a representação da Igreja medieval se torna refúgio ideológico para aqueles que se sentem desorientados pela crescente pluralidade das maneiras de lidar com a vida, o trabalho, o poder e, não menos importante, pela fluidez e pela mutabilidade que caracterizam as políticas de identidade social na virada para o século XXI. Trata-se de buscar uma alternativa a uma sociedade em que as respostas às perguntas: "Quem sou eu?" e "O que devo fazer?" já não são determinadas por um grande esquema de uma vida comum, mas por uma crescente multiplicidade de possibilidades – muitas das quais estabelecidas através da relativização dos consensos religiosos.

Igualmente atuantes são grupos e movimentos sociais que apresentam a Igreja medieval como o precedente tangível de como as instituições podem se tornar retrógradas e opressoras, a fonte da qual emergem as práticas que reprimem a autorrealização humana e a coexistência de diferentes ordens de valores no bojo de uma mesma sociedade. Nesse caso, é comum dispor o passado de mil anos atrás como a matriz de uma instituição que permaneceu intrinsecamente coercitiva, cujo traço fundamental consiste no desenho reacionário de sua atuação sobre a vida social. À vista disso, falar sobre a Igreja medieval é revelar a agulha da bússola política a respeito não apenas da atual Igreja Católica, mas, em muitos casos, também sobre o que acontece com uma sociedade quando a atuação de grupos confessionais se impõe no interior do Estado. Trata-se de localizar a origem e a essência de um poderoso adversário de políticas públicas consideradas progressistas, o obstáculo à afirmação dos direitos de minorias, à ampliação da saúde pública para abarcar temas como o aborto ou até mesmo o combate à pobreza e à desigualdade.

Se, na primeira interpretação, a Igreja medieval aparece como matriz de uma instituição capaz de proteger o tecido social das forças de dispersão e fragmentação, na segunda leitura, ela surge como o poder que prenuncia a intolerância e a ameaça a regimes democráticos. Assim ocorre com diferentes temas: as relações entre Igreja e Estado, as cruzadas, a Inquisição... São muitos os tópicos referentes à Igreja medieval recrutados para a atual guerra de narrativas sob o propósito de lançar certa luz sobre o presente e direcionar nossas maneiras de estar em contato com a realidade.

Logo se vê que os interesses da contemporaneidade sobre a Igreja medieval estão longe de ser meramente teóricos. Aquilo que, à primeira vista, pode parecer um passado distante e remoto atua como um fator determinante das possibilidades do tempo presente, delimitando as soluções e os empecilhos que podemos vislumbrar para dilemas concretos da nossa coexistência. É vital, portanto, nos debruçarmos sobre esse tema, não só por um interesse pelo passado em si, mas também pelo compromisso inadiável com o presente. Dito dessa maneira, fica evidente que o propósito que dá forma a este livro não é o de desautorizar a inscrição do passado no momento atual ou de negar seus usos pelo presente. Trata-se, isto sim, de enriquecer essa relação, de demonstrar que a distância histórica impõe sobre nós, leitores e leitoras, uma necessária medida de alteridade, ou seja, que o passado é formado por certos aspectos irredutíveis, singulares, os quais não se prestam à simples correspondência com os impasses e os desafios da sociedade contemporânea; que há mais para ser descoberto do que revelam aquelas narrativas. Afinal, embora concorrentes, ambas as perspectivas partilham a mesma característica: são visões estereotipadas a respeito da Igreja medieval. Elas se apoiam em um ou outro aspecto da realidade histórica, o qual inflam, dilatam, de modo a torná-lo uma referência útil a certas agendas ideológicas. Portanto, é necessário buscar uma alternativa que realce certos aspectos excluídos por essas visões do passado: a complexidade, afinal, a Igreja medieval era não só um fenômeno institucional, mas, sobretudo, uma realidade social e, como tal, perpassada pela heterogeneidade e por limitações e contradições do agir social na Idade Média; a historicidade, pois a Igreja não era imune à ação do tempo, à mutabilidade e à instabilidade de sua organização e de seu funcionamento.

Para alcançar essa perspectiva, a Igreja será considerada, nas páginas a seguir, a partir de uma conotação ampla, consolidada nos tempos medievais, quando o termo *Ecclesia* ("Igreja") abarcava um tríplice significado: a hierarquia clerical; a comunidade dos crentes; os locais de culto. Trata-se, aqui, de notar que a hierarquia clerical, com seu aparato de tradições, saberes, ritos, bens, prerrogativas e estilo de vida específicos, exercia um papel preponderante para a manutenção de equilíbrios e a constituição de rupturas entre, de um lado, as formas de viver o sagrado e, de outro, o vasto mundo medieval, mas que ela, sozinha, não fornece as chaves interpretativas para alcançar a realidade da Igreja medieval. Cabe, por conseguinte, examinar como os demais grupos – a comunidade – participavam das relações sociais, das práticas e das representações constitutivas dos contatos com o sagrado, e forjavam as muitas maneiras de agir e de pensar no interior das identidades cristãs. Isso significa evitar a História institucional em sentido estrito – limitada à formação do aparato administrativo capitaneado pelo clero, bem como aos atos formais e oficiais conhecidos como doutrina católica – e buscar um olhar permeado pela História social e cultural, que leve em conta a transformação das compreensões sobre a fé, a unidade e a verdade religiosa em meio a diferentes realidades sociais. Por fim, é preciso analisar como essas relações são estruturadas espacialmente, como os locais de culto são, a um só tempo, produto e produtor do pertencimento à *Ecclesia*; como se operava uma espacialização das relações com o sagrado, afetando desde as pessoas – tanto as vivas quanto as mortas – até os objetos implicados nas práticas devocionais.

Assim definida, a Igreja desafia nossas habituais separações conceituais. Tratava-se, num só fôlego, de uma realidade institucional, religiosa, política, econômica, social e cultural, que abarcava inúmeras facetas da época medieval. Aliás, em busca por destacar essa abrangência, muitos historiadores e historiadoras a designaram como a "instituição total" da Idade Média. Como se vê, um tema dessa envergadura dificilmente pode ser esgotado em um único livro. Para que uma obra ganhe forma é preciso realizar escolhas. As páginas a seguir ganharam contornos a partir de três decisões. Em primeiro lugar, a imposição de um recorte cronológico: toda exposição está baseada na premissa de que a Idade Média tem início no século VIII e que o período imediatamente anterior pertence à Antiguidade Tardia. Portanto, esta História da Igreja medieval tem início nos tempos carolíngios e se estende até o século XV. Em segundo lugar, um recorte espacial: os temas aqui abordados dizem respeito à civilização latina; trata-se, assim, do que habitualmente designamos por Idade Média ocidental. É crucial lembrarmos que a Igreja latina não abarcava todas as experiências coletivas que davam forma ao vasto e intricado cristianismo medieval. Ao contrário, este era constituído igualmente por diversas outras Igrejas, como a grega de Constantinopla, as eslavas da Europa Oriental, as coptas do Egito e da Etiópia etc. Regiões que o livro, infelizmente, não abarca, cuja riqueza, bem como complexidade histórica, não aparece nas páginas a seguir. Por fim, a organização dos capítulos. O livro está distribuído em três eixos temáticos: nos capítulos "Uma nova era: a transformação da Igreja entre os carolíngios e o feudalismo" e "A ascensão do papado: das reformas religiosas ao declínio da monarquia pontifícia", examinaremos a trajetória político-econômica da Igreja medieval. Nesse caso, analisaremos como ocorreram a transformação e a ascensão do protagonismo da Igreja frente aos demais poderes estabelecidos na Idade Média, desde o Império

Carolíngio até as monarquias feudais dos séculos XIV e XV. Nos capítulos "Um mundo em movimento: dinâmicas sociais e poder eclesiástico" e "A Igreja e as formas de perseguição: dissidência e repressão", será analisada a relação entre Igreja e sociedade. Aqui, manteremos nosso foco sobre as formas de participação, mobilização, coerção e repressão protagonizadas pela relação entre a hierarquia eclesiástica e as populações cristãs. Por fim, os capítulos "Consciência e autoridade: imaginários, culturas eclesiásticas e práticas sociais" e "Identidades religiosas e estruturas eclesiásticas: do pensamento social à crítica milenarista" constituem uma História cultural e intelectual da Igreja. Passaremos em revista alguns dos principais capítulos envolvendo as relações simbólicas, as representações sociais e as transformações do pensamento letrado envolvendo eclesiásticos e laicos. Tais eixos foram pensados para facilitar e organizar a exposição, mas devem ser encarados como conteúdos simultâneos, que se completam em termos historiográficos. Em outras palavras, a leitura foi concebida como uma experiência cumulativa: cada eixo adquire pleno sentido quando relacionado com os demais.

Mesmo quando considerado distante, o passado subsiste na fronteira do presente. É a partir do presente que o passado é reelaborado e adquire implicações para os vivos. A expectativa que move este livro é de que possamos revisitar a Igreja medieval, reabri-la como tema não apenas repleto de consequências para o curso da história, mas igualmente marcado por possibilidades outras, pelo contraste com nossa época; por dimensões humanas singulares sobre as quais devemos refletir constantemente.

Uma nova era: a transformação da Igreja entre os carolíngios e o feudalismo

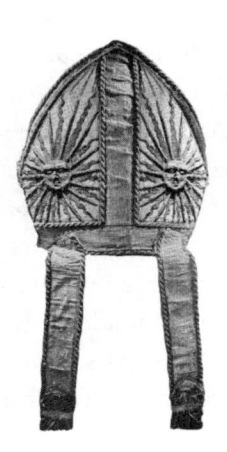

Em algum momento entre 750 e 780, talvez em Roma, um grupo de clérigos se pôs a redigir um documento solene. As palavras, contudo, não ganharam forma como um registro do que então se passava no mundo cristão, mas como se fossem a voz do imperador Constantino (272-337), morto há 400 anos. O imperador surgia oferecendo um inestimável presente: a transferência, para o papa, do palácio imperial em Roma, de todas as insígnias imperiais e toda a autoridade sobre a parte ocidental do império, incluindo a Cidade Eterna (Roma), toda a Itália e as ilhas vizinhas. Conhecida como "Doação de Constantino", essa falsificação se tornaria um dos documentos mais famosos da Idade Média. Mas ainda que tenha sido escrita para se passar por um texto do século IV, a "Doação" nos revela algo importantíssimo a respeito do período em que foi redigida: que uma ala influente da Igreja medieval partiu em busca de um passado que legitimasse sua posição de uma instituição poderosa, capaz de influir duradouramente no curso das relações políticas no Ocidente, e detentora de vasto patrimônio em terras e rendas. Quando fez do passado espelho de suas aspirações, essa ala clerical não se voltou para o tempo dos apóstolos. Não foi a santidade dos mártires ou a resiliência de comunidades empenhadas em construir a tradição cristã que inspiraram o modelo do que a Igreja deveria ser. *Por volta de 750, o tempo dos apóstolos e das perseguições romanas era um passado ainda mais distante do que fora até então. Nesse tempo, uma parcela importante da elite eclesiástica enxergava a Igreja como uma instituição que administrava prerrogativas imperiais sobre o Ocidente, a sucessora histórica do Império Romano – que um dia fora seu algoz.* Em meados do século VIII, uma nova época se abriu para a Igreja latina. Entre as décadas de 700 e de 750, o mundo que a abrigava foi transformado. As transformações redesenharam a realidade, convertendo em passado grande parte das certezas transmitidas por pais e avós. A vida em sociedade começava a ser regida por novas características. Em pouco mais de 50 anos, a Antiguidade Tardia chegou ao fim, cedendo espaço para um novo tempo, que batizamos como "Idade Média".

Em 751, a presença do Império Romano nas terras ocidentais se esgotou. Trata-se da data em que o governante do assim chamado "Exarcado de Ravena" foi morto pelo rei dos lombardos. Fundado há aproximadamente 150 anos antes dessa data, o Exarcado era o posto avançado do poder militar dos imperadores romanos, sediados em Constantinopla. Embora o império controlasse outros territórios na península, como a Apúlia e a Sicília, era ao exarca que a defesa dos interesses romanos era confiada. A conquista desse enclave representava o fim da capacidade bizantina – imperial – de traçar os rumos da política na península itálica. Sua absorção pelo Reino Lombardo demonstrava que Constantinopla era, agora, uma força distante e marginal nas terras ocidentais. Assim, a desvinculação entre a Igreja e o império, processo desencadeado há mais de três séculos pela instalação dos bárbaros nas províncias imperiais do Ocidente, impunha-se como realidade consumada.

Para o clero, isso significou transformações importantes. Em primeiro lugar, a realidade impôs a busca por novos aliados que assegurassem a proteção dos interesses eclesiásticos como prioridade. Em segundo lugar, mais do que nunca, cabia ao clero papal o poder de apresentar-se como porta-voz da "romanidade", isto é, como o detentor das prerrogativas políticas, simbólicas e econômicas associadas ao antigo passado romano.

Eram os papas que detinham poder para, periodicamente, classificar quais das atuais práticas de governo haviam sido herdadas do passado fundador. Nas terras ocidentais, já não era ao Império Romano que se recorria para legislar e julgar conforme o exemplo dos veneráveis ancestrais. Era para a voz papal que se voltavam as elites cristãs quando se tratava de separar o aceitável e o injustificável; para distinguir, à luz da tradição, o lícito do intolerável a respeito de um pouco de tudo, do dízimo à guerra, da esfera doméstica à noção de "bem comum".

Esse recuo da autoridade dos césares foi acentuado por outras perdas territoriais. Nessa mesma metade de século, os muçulmanos sitiaram Constantinopla. Era a segunda tentativa islâmica de se apoderar da sede imperial. O cerco, que duraria extenuantes 13 meses, terminaria sem sucesso. O fracasso, porém, fixou um limite. Os domínios do Islã se estenderam até as bordas da península da Anatólia, onde começava o controle territorial bizantino. A expansão islâmica encontrou sua fronteira e, por sua vez, confinou o Império Romano, reduzido por quase 70 anos de perdas para os seguidores do Profeta. Quase simultaneamente, algo semelhante ocorreu no outro extremo do mar Mediterrâneo. Após assumirem o poder em Cartago e no que seria hoje Argélia e Marrocos, os muçulmanos invadiram a península ibérica e derrotaram o rei visigodo. Em menos de uma década, o controle foi consolidado, exceto por uma pequena região ao norte: uma série de revoltas ocorridas na década de 740 marcaria a ascensão do Reino Cristão das Astúrias, que jamais sucumbiu ao poderio islâmico.

No começo da década de 750, o mundo cristão era confrontado com duas grandes transformações: a retração da órbita de influência do Império Romano de Constantinopla e o encerramento de novas fronteiras sobre forte pressão islâmica. Sob essa configuração, o reino dos francos (Reino Franco) assumia importância crescente. Estendendo-se sobre os territórios que correspondem aos da atual França, Suíça, Bélgica, Holanda e parte da Alemanha, o reino dava forma à mais poderosa realeza cristã de então. Embora o poder estivesse concentrado nas mãos do prefeito do palácio, e não dos monarcas de direito, a hegemonia franca cobria toda Cristandade Latina, das Ilhas Britânicas à Provença, com exceção do Reino Lombardo, estabelecido no centro-norte da península itálica. Os prefeitos do palácio atuavam como figuras particularmente zelosas da imagem de defensores da Cristandade. Para a Igreja – e, sobretudo, a igreja de Roma –, tal atuação consolidaria transformações em curso desde o início do século. Os francos se mostravam capazes de proporcionar ao clero a proteção que, um dia, fora assegurada pelo Império Romano: foram eles que impediram o avanço mulçumano no Ocidente, impondo uma sonora derrota aos conquistadores da península ibérica. Além da imagem de defensores da Cristandade, os prefeitos do palácio tomaram para si o poder para ordenar a vida em sociedade em estreita colaboração com o papado, ao qual eles recorriam como voz máxima da correta ordem dos assuntos eclesiásticos. Os prefeitos enviaram missionários a Roma para serem investidos de autoridade para fundar mosteiros, igrejas e novas províncias eclesiásticas em regiões como a Frísia, que estavam, até então, dominadas pelo paganismo. Se, por um lado, os evangelizadores regressavam ao reino imbuídos de um poder elevado, diretamente delegado pelo representante de São Pedro, por outro, os constantes envios desses homens a Roma projetavam a voz pontifícia como elo imprescindível para a expansão da sociedade cristã. Os papas delegavam poder, enquanto os missionários projetavam a obediência como traço inerente à vida cristã.

Entre 700 e 750, a Cristandade Latina encolheu. Exercendo uma forte hegemonia sobre as Astúrias, as Ilhas Britânicas e a Irlanda, o Reino Franco era o *axis mundi*, isto é, o vértice político, em torno do qual eram traçados os rumos do cristianismo ocidental – papel até então exercido por Constantinopla. A nova realidade seria selada por uma estreita aliança entre os prefeitos do palácio e os papas. Aliança que transformaria a Igreja latina.

O REINO FRANCO E A REDEFINIÇÃO DA CRISTANDADE

Em 750, o prefeito do palácio da Nêustria, Pepino III (714-768) – conhecido como Pepino, o Breve –, teria dirigido uma consulta ao papa Zacarias (679-752): era bom ou não que os reis da *Francia*, que não detinham nenhum poder, fossem mantidos no trono? Segundo registros históricos posteriores, a resposta do papa teria sido um pronunciamento categórico: é melhor designar rei aquele que verdadeiramente possui o poder régio, em vez de quem é desprovido de poder, de tal maneira que a ordem pública não seja perturbada. Essa afirmação teria encorajado Pepino a depor o monarca franco e tomar a Coroa, mesmo sem qualquer parentesco com a dinastia reinante. De maneira sutil, porém, decisiva, o papado teria emoldurado a imagem daquele que, até então, havia sido o rei franco como figura impotente, despido de autoridade, a tal ponto que a tomada do poder por Pepino ocorria em prol de um ideal de bom governo, recolocando em cena a plena administração da sociedade cristã. Assim, o papado teria se tornado a fonte da legitimidade da nova dinastia, conhecida como "Carolíngia". Durante muito tempo, historiadores consideraram tal sequência de episódios o triunfo de uma ideologia papal, o nascer do tempo em que os sumos pontífices detinham a autoridade para criar reis. É preciso cautela redobrada com essa interpretação.

Antes da tomada do poder, Pepino contava com o apoio do episcopado franco. Aos bispos que ameaçavam sua autoridade – amiúde bispos aristocráticos, ligados a poderosas famílias senhoriais –, ele opôs uma política que combinava a emancipação dos mosteiros do controle episcopal, enfraquecendo os bispados econômica e politicamente, à realização de campanhas militares contra as regiões controladas por aquelas linhagens. Com seus concorrentes políticos enfraquecidos, Pepino consolidou sua ascendência sobre a Igreja. Em uma sequência de concílios convocados para reformar o clero e converter os pagãos, ele foi reverenciado nos altos escalões clericais como "líder e príncipe dos francos". Em tais ocasiões, o carolíngio emergia como guardião do episcopado, sobretudo no conflito contra o paganismo. Tratava-se de ideologia especificamente franca, que missionários e demais membros da Igreja franca comunicavam aos sumos pontífices. Desde a década de 670, missionários anglo-saxões percorriam longas jornadas até as fronteiras do reino, para pregar a fé cristã. Entre viagens à Frísia e a ambição de chegar à Saxônia, buscavam o apoio dos carolíngios e a benção dos papas. Com efeito, novas igrejas eram fundadas em áreas sob o controle carolíngio – em certos casos, a sede episcopal era instalada em sítios onde já existiam fortificações atreladas ao prefeito do palácio. Enquanto contavam com a proteção do "príncipe dos francos", Pepino, os missionários tomavam o caminho de Roma, onde recebiam o título de "bispo", "arcebispo" ou mesmo de "legado papal". O caso mais conhecido é o de Winfrid (672?-754), que, em 719, recebeu seu mandato missionário das mãos do papa Gregório II (669-731), que conferiu a ele novo nome: Bonifácio. Tendo pregado o cristianismo a pagãos por 30 anos, liderado um processo de restauração de províncias eclesiásticas e da estruturação das igrejas diocesanas, encampando esforços para reformar a vida clerical na condição de legado de Roma, Bonifácio teria sido quem primeiro coroou Pepino após a suposta consulta ao papa Zacarias. Escrevo "teria", pois essa informação consta apenas em um registro documental, não sendo corroborada por outras fontes. Mas, ainda assim, a figura de Bonifácio e a de outros missionários eram projetadas como elos vivos entre a ascensão carolíngia e a autoridade dos papas.

A comunicação franca com Roma era constante. O envio de cartas e de emissários era frequente. Aliás, o próprio Pepino o fizera anos antes, quando enviou uma comissão até a Cidade Eterna em busca de orientações sobre a disciplina monástica e a disposição da hierarquia eclesiástica. Ficava evidente que o prefeito do palácio era o fiador do *status quo* da Igreja no Além-Alpes. Ademais, a usurpação do poder por parte de Pepino abriu para o episcopado um fabuloso campo de possibilidades para a expansão dos domínios eclesiásticos, pois se tratou da ascensão de uma dinastia notável por seus sucessos militares. Com o prefeito do palácio coroado, regiões fronteiriças, como Frísia e Turíngia, tornavam-se palco para a criação de dioceses e a fundação de mosteiros. Quando a consulta ao papa supostamente ocorreu, a Igreja franca já havia se aliado aos carolíngios, que a favoreciam com doações fundiárias – não só terras, mas também cidades, mercados locais, pontes – e isenções de taxações. Através de Pepino, os bispos alcançaram um patamar social comparável ao dos condes. Articulada posteriormente, a resposta atribuída ao papa Zacarias não foi o registro de criação de uma ideologia pontifícia sobre a origem do poder dos reis, mas a confirmação de um pacto com a Igreja já selado no interior do reino. Aliás, há grande chance de que aquela consulta não tenha de fato ocorrido, tendo em vista o silêncio das fontes romanas do período. Parece mais adequado supor que, em 751, Pepino fora coroado por bispos francos, com sua legitimidade ainda aberta à contestação – ao contrário do que sugerem algumas fontes francas. Não quero, assim, sugerir que o pontífice deve ser retratado como uma instância alheia e desinteressada, pelo contrário. Fica claro nos registros históricos que ao menos duas fortes razões já moviam o bispo de Roma na direção dos carolíngios. A primeira era a insistente pressão dos lombardos sobre o Ducado romano. As campanhas dos reis lombardos colocavam em risco o controle dos papas sobre o território romano, os quais temiam sofrer o mesmo destino que se abatera sobre Ravena. O papado necessitava de novo guardião, uma vez que o Império Romano – a quem tradicionalmente cabia a obrigação – era, então, presença distante. Na verdade, não somente distante, mas também ameaçadora: décadas antes da suposta consulta de Pepino, o imperador apertava o cerco às riquezas itálicas, impondo um pesado regime de cobrança de impostos para sustentar guerras na Anatólia e nos Bálcãs. Ameaçado pelos lombardos e confrontado com a pesada mão do fisco imperial, o papado era uma Sé que carecia da proteção proporcionada pelos carolíngios aos bispos da *Francia*.

Incessantes, tais razões moveram o papa para o alcance da influência franca. Com o apoio da Igreja e da aristocracia, Pepino foi coroado monarca dos francos em 751. Três anos depois, com Roma novamente ameaçada por um exército lombardo, o papa Estêvão II (715-757) cruzou os Alpes e se encontrou com a corte real na cidade de Ponthion. Foi cerimoniosamente conduzido até a abadia de Saint-Denis, onde não só proclamou Pepino, uma vez mais, rei, mas também o ungiu juntamente a seus dois filhos, consagrou sua esposa, Bertrada (c. 710-783), e lhe concedeu novo título, "Patrício dos Romanos". Como os reis do Antigo Testamento, Pepino recebeu óleo santo sobre a testa, os ombros e o peito, indicando que havia sido escolhido por Deus para governar. A unção havia sido costumeira entre os visigodos, na *Hispania*, e é possível que o modelo visigodo tenha influenciado os carolíngios, tendo em vista a notícia de que manuscritos ibéricos eram copiados em terras francas na segunda metade do século VIII. A unção de Pepino exerceria papel importante na formação do ideal de rei no Ocidente. Desse ponto em diante, a própria Igreja reconhecia-o como detentor de uma autoridade justificada sacramentalmente. A liturgia régia em breve apareceria não apenas na cerimônia da unção, mas também nas grandes festas, quando a coroa era usada. Além disso, décadas depois, a autoridade ganharia significativa expressão nas chamadas "laudes" (aclamações) régias, durante as quais se aclamavam o papa, o rei, a rainha, a família real e o exército dos francos, juntamente a invocações de Cristo, dos anjos e dos santos. Simbolismos semelhantes foram expressos no prólogo de Pepino à chamada "Lei Sálica" – o compêndio de leis francas atribuído ao rei Clóvis (466-511) –, com sua ênfase na eleição divina, na proficiência em armas e na ortodoxia dos francos. Ao editar a Lei Sálica, Pepino reivindicou o papel de legislador, tornando-se o primeiro rei em mais de um século a intervir nas leis seculares do reino, expressando uma busca pelo consenso entre o rei e as elites laica e eclesiástica, obscurecendo, assim, a ruptura ocorrida em 751. Esses ideais não resumem tudo. Havia mais. Como "Patrício dos Romanos", o novo rei fora designado protetor de Roma, atribuição que o franco não tardou em cumprir: cruzou os Alpes à frente de um exército e derrotou os lombardos. Outra campanha foi realizada um ano depois, resultando em nova vitória. Triunfante, concedeu as chaves de diversas cidades ao papa Estevão II. Com o gesto, ficava claro que o pontífice assumia o governo do ducado romano – da vasta província administrativa até então vinculada aos bizantinos e centrada em Roma –, não como um poder subordinado a Constantinopla, mas graças à proteção obtida junto aos francos. No total, foram entregues ao governo direto dos papas extensões do Exarcado de Ravena, da província da Emília-Romanha e dos ducados de Pentápole e de Roma. Uma importante transformação entrava em curso. O papado tornava-se uma autoridade política permanente – e não ocasional, como fora em épocas anteriores – sobre antigos territórios bizantinos e lombardos. A identidade conferida a esses territórios também mudava: eles foram atribuídos ao papa como se se tratasse de uma restituição à "República dos Romanos", expressão que nomeava as terras pertencentes ao povo romano. Não quero, com isso, sugerir que a Sé Romana fosse, até então, desprovida de terras. Há séculos, ela era detentora de vasto patrimônio eclesial na Itália, na Sicília, no norte da África, sul da Gália, entre outros. Além disso, seus bispos participavam ativamente da administração pública exercida por monarcas e imperadores sobre as comunidades existentes nessas terras, lidando com questões como a aplicação da justiça, a coleta de impostos, o socorro aos pobres. No entanto, agora, pela primeira vez na história, a Sé Romana passava a exercer o que se tornaria – em meio a ameaças externas e acirradas disputas internas – uma soberania temporal própria sobre um vasto e heterogêneo território, que tomava forma por ser subordinado a ela em todos os assuntos, civis ou religiosos, temporais ou espirituais, e não somente por questões de natureza eclesiástica. Esse aspecto é ressaltado pelos historiadores quando se referem a esse contexto como sendo o início da formação dos Estados Papais.

A aliança entre o papado e os carolíngios impulsionou a sacralização da realeza. A voz pontifícia proporcionou muito mais do que legitimidade temporal aos carolíngios. O governo sobre os francos, a partir de então, não poderia ser encarado como meramente humano ou mesmo como laico, pois a autoridade dos carolíngios decorria diretamente do direito divino. A crença nessa origem sagrada fazia com que a dinastia que ascendera por meio de um golpe de Estado passasse a ser encarada como a mediadora entre os homens e Deus, dotada, inclusive, de autoridade para dispor dos bens e das competências da Igreja: os carolíngios fundariam mosteiros, designariam bispos, legislariam sobre o dízimo, a penitência, o rol dos santos, a observância do domingo, a caracterização de certas ideias e comportamentos como heresia. Assim seria nas décadas porvir, sobretudo na virada para o século IX. Assim seria no tempo de Carlos Magno (742-814).

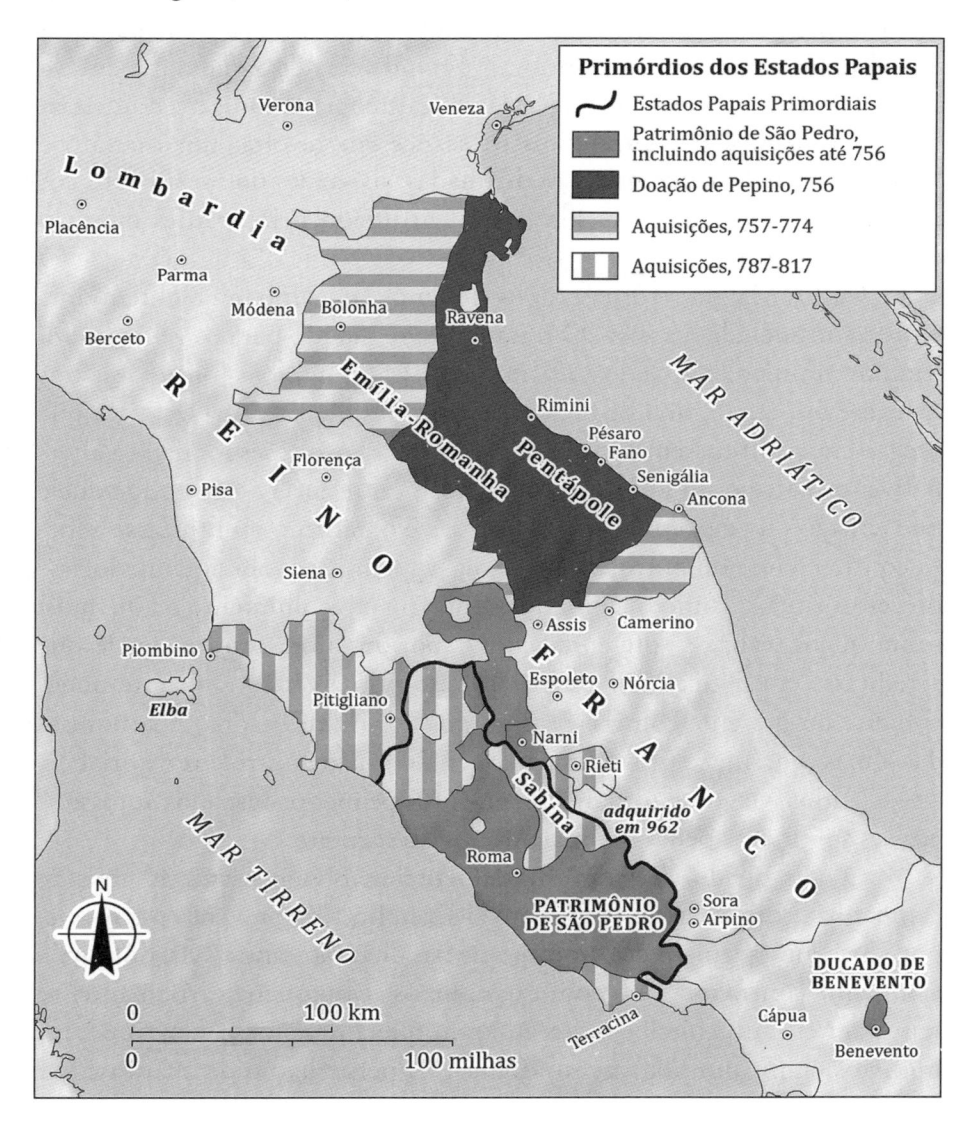

O RENASCIMENTO DO IMPÉRIO NO OCIDENTE: O MUTUALISMO ENTRE A REALEZA E A IGREJA

Sob Carlos Magno, o Reino Franco foi mantido em constante expansão. A máquina de guerra carolíngia dominou a cena política por décadas a fio e abasteceu a realeza com os recursos necessários para atrair os principais magnatas (ou seja, os grandes aristocratas). De acordo com a propaganda composta, posteriormente, pelos cronistas, as campanhas militares combatiam a injustiça e expandiam a Igreja. Em 772, por exemplo, o combate aos saxões culminou na destruição do seu principal local de culto, onde havia um Irminsul, um grande carvalho que representava a conexão entre o céu e a terra. Mas a resistência saxônica recrudescia. Seis anos depois, encontraremos os saxões em revolta: um exército é formado; guarnições francas são dizimadas; os saxões que se aliaram aos francos são executados, destino que é partilhado pelos padres que não conseguem escapar.

Carlos Magno retorna e, após três anos em campanha, obtém uma vitória considerada decisiva. O tratamento reservado para os vencidos foi letal: num único dia, Carlos ordenou que 4.500 homens fossem mortos. A região foi, então, dividida entre bispos, presbíteros e abades, para que pregassem e edificassem comunidades cristãs. Aos saxões foi dada a alternativa: o batismo ou a morte. A pena capital recairia sobre todo aquele que, cristão ou pagão, não apenas recusasse o batismo ou utilizasse a força contra o clero ou outros cristãos, mas igualmente sobre quem violasse preceitos rituais, como o jejum quaresmal ou o recolhimento de dízimos; sobre quem realizasse oferendas ao Diabo; ou, ainda, sobre aquele que acreditasse em feiticeiros e os matasse ateando ao fogo, ou sobre quem comesse ou desse de comer as carnes dos assim executados. A conquista das almas, porém, se provou mais difícil do que o controle territorial.

Carlos Magno retornaria à região. Os primeiros bispados autossuficientes surgiriam apenas no início do século seguinte.

O episcopado esteve profundamente envolvido nesses 30 anos de campanhas. Bispos acompanhavam o Exército, celebravam concílios e, por vezes, prosseguiam até o campo de batalha. Nos anos 790, durante a campanha contra os ávaros, por exemplo, os eclesiásticos participantes se reuniram em um concílio e asseguraram que a destruição e o saque dos inimigos eram "um julgamento divino". A perpetuação da aliança entre realeza e episcopado alcançaria os lombardos. Carlos Magno repetiu o exemplo paterno e marchou contra o rei do norte itálico. Contudo, diferentemente de Pepino, uma vez vitorioso, não se contentou com a submissão do adversário e tomou para si a Coroa. Uma vez assegurada uma parcela dos territórios lombardos ao papa, Carlos Magno abriu o centro-norte itálico ao domínio dos prelados francos. As conquistas reforçavam o modelo político carolíngio, que era baseado na dependência mútua entre os bispos e a Coroa, mais do que simplesmente uma dominação monárquica. *Enquanto o rei assegurava a expansão e a proteção do alto clero, este, por sua vez, dotava a realeza de legitimidade inigualável.* Afinal, os prelados que o apoiavam frequentemente falavam em nome de instituições antigas. Muitos dos bispados onde os carolíngios assentavam seus aliados haviam sido fundados bem antes de a dinastia chegar ao poder. Além da venerável antiguidade, os bispos eram peritos em rituais que os situavam no centro da vida social: por meio de missas e consagrações, eles atuavam como a voz que revestia de sagrado a concepção, o nascimento, a maturidade, o casamento e a morte dos indivíduos. *Eram porta-vozes dos desígnios de Deus, ou seja, de verdades consideradas absolutas e incontestáveis.* As cidades e as povoações se desenvolviam ao redor das basílicas e dos santuários regidos por eles. Como tal, os bispos carolíngios alcançavam um elevado grau de envolvimento nos assuntos seculares. A eles era confiada a salvaguarda da comunidade local. A legislação promulgada pela Coroa contava também com uma série de regulamentações concebidas para fortalecer os poderes episcopais e normatizar seus deveres: eles deveriam conhecer a lei canônica, presidir julgamentos no interior de suas dioceses, examinar a fé do clero, regular o pagamento de dízimos e de outras rendas, apoiar o conde local. Desde a época de Pepino, fora estabelecida a obrigação de que o clero prestasse contas ao bispo local, devendo hospedá-lo na ocasião da visitação e receber o crisma de suas mãos todos os anos. Em cartas enviadas aos seus condes e vassalos na Itália, Carlos pressupôs que os proprietários de igrejas deveriam apresentar ao bispo local o clérigo designado antes que ele fosse instalado à frente de uma igreja.

Esse mutualismo entre a Coroa e o episcopado atingiria seu auge no Natal de 800. No ano anterior, o papa, Leão III (750-816), havia viajado até a corte franca em Paderborn em busca de apoio contra uma facção romana, em cujas mãos havia sofrido um doloroso cativeiro: após despi-lo e espancá-lo, os adversários haviam tentado arrancar seus olhos e língua. Leão foi recebido pelos francos com grande honra. Não sabemos se houve alguma forma de negociação, mas é bastante provável que ali tenha sido decidido que o socorro carolíngio poderia ser recompensado com um título inigualável para Carlos: "Imperador dos Romanos". Em novembro de 800, Carlos foi recebido em Roma com a solenidade devida a um césar. Após semanas ocupado em combater os adversários papais, no dia de Natal, ingressou na basílica de São Pedro, onde, vestindo trajes romanos, foi coroado imperador. No interior do Reino Franco, assegurava-se que tudo se passou sem o conhecimento do rei, que reagiu com surpresa ao gesto papal que transformou o reino em império e o rei germânico em imperador dos romanos. Entretanto, pode-se considerar que a ideia da coroação tenha partido da corte carolíngia. É possível tracejar uma relação direta entre o acontecimento e os eventos dos anos 750. Em ambos os casos, delegava-se o poder de defensor da religião cristã e de uma Santa Sé ameaçada, antes pelos lombardos, agora pela nobreza local. Tanto para Pepino quanto para Carlos Magno, a coroação era um símbolo extraído da Antiguidade romana para comunicar ao mundo uma mensagem singular, já estruturada no bojo dos domínios francos: *a de que o rei se via investido de um mandato celestial para governar "o povo de Deus"*. A linguagem era romana, mas o conteúdo ideológico era um jogo de espelhos com os monarcas do reino bíblico de Israel. Consumado pelas coroações, o simbolismo religioso era obra do papado tanto quanto da realidade franca.

O monasticismo feminino na aliança entre francos e o papado

"Nascida em 757, após a unção dos pais, seu [de Gisela, irmã de Carlos Magno] xale batismal foi enviado ao papa em Roma. Não ficou imediatamente claro que ela deveria ingressar na vida religiosa, mas depois que duas propostas de casamento fracassaram, Gisela tornou-se abadessa da comunidade de Balthild em Chelles. Em 799, ela é descrita no encontro de seu irmão e o papa Leão: '... em branco cintilante, acompanhada pelo grupo de virgens, ela brilha junto com a prole dourada. Coberta por um manto de cor malva, ela brilha, seu véu flexível de cor púrpura tem um brilho avermelhado. Voz, rosto, cabelo brilham com luz radiante... Sua mão parece ser feita de prata, sua testa dourada brilha, e a luz de seus olhos conquista o grande Febo'.

Gisela, em suma, tornou-se um relicário vivo, seu corpo um recipiente de poder divino e sinal do favor concedido à família carolíngia. Em Chelles, Gisela supervisionou um *scriptorium* que produzia livros litúrgicos para exportação para muitas das grandes casas monásticas do reino, sublinhando a ligação entre a Reforma Carolíngia e a prática litúrgica correta baseada nos modelos romanos. Acredita-se que o *Sacramentário Gelasiano*, o segundo manuscrito litúrgico mais antigo do Ocidente, foi feito em Chelles. Além disso, certas casas de mulheres com ligações estreitas à família carolíngia, entre elas Chelles e Santa Maria em Soissons, começaram a compilar anais históricos, essenciais para a compreensão do período pelos historiadores modernos. Dessa forma, o monasticismo feminino carolíngio preservou a ligação íntima e tradicional entre a oração e a intercessão das mulheres e a comemoração e memorialização da família pelas mulheres."

(MATIS, Hannah. *A History of Women in Christianity to 1600*. Hoboken: Wiley-Blackwell, 2023, pp. 105-6; tradução minha).

Assim a Igreja ingressava no novo século: umbilicalmente ligada à realeza franca. Não apenas o clero secular. O monasticismo foi igualmente transformado. Entre os anos de 730 e 800, mosteiros foram o destino de grandes transferências fundiárias, em especial aqueles fundados a leste do Reno, no *front* do contato com o paganismo. Algo facilmente justificável: neles habitavam aqueles que conduziam a cristianização nos confins do reino, por isso, era necessário abastecê-los adequadamente, com terras, comunidades rurais e rendas. *Por sua riqueza e seu prestígio intelectual, mosteiros atraíam as atenções da Coroa e tornavam-se, em contrapartida, esteio da presença franca.*

No século VIII, os mosteiros francos seguiam uma miríade de regras, isto é, de códigos de conduta religiosa escritos por uma autoridade da tradição cristã. A Regra de São Bento, talvez a mais conhecida entre as regras legadas pela Antiguidade Tardia, havia sido adotada por alguns estabelecimentos religiosos, como Saint Gallen (atual Suíça) e Fulda (atual Alemanha). Tratava-se de um documento que prescrevia um modo de vida menos rigoroso do que aquele desposado por eremitas – e mesmo por outros monges, caso dos irlandeses –, assegurando à comunidade religiosa a independência material decorrente da exploração dos bens e das rendas doados por laicos. Isso, claro, não era tudo. A regra beneditina detalhava um expressivo número de prescrições que abarcavam desde as questões de grande profundidade espiritual, como quais eram os deveres do abade, em que consistia a obediência e a humildade dos monges, até aspectos mais prosaicos da vida coletiva, tais como em que épocas do ano se deveria dizer o Aleluia, como os monges deveriam dormir, além da medida da comida e da bebida que poderiam consumir. Fato é que os 73 capítulos que a compõem contavam com elevado prestígio espiritual, de modo que, na virada para o século IX, a ideia de uma adoção universal do texto beneditino era amplamente discutida no Reino Franco.

Houve resistências. Muitos abades, sobretudo aqueles à frente de mosteiros mais antigos, consideraram tal possibilidade uma imposição indevida. O principal fiador da causa era um monge da *Francia* meridional, conhecido por Bento de Aniane (747-821). Sob sua condução, cerca de 25 mosteiros foram reformados e colocados sob a vigência da Regra de São Bento. Ele percorreria a Aquitânia e seguiria restaurando mosteiros nas regiões mais antigas, chegando ao coração do reino. Por fim, entre 816 e 819, através de uma série de concílios, a Coroa decretou a obrigatoriedade da adoção do modo de vida beneditino. A obrigatoriedade esbarrou em muitos obstáculos. Mas não é necessariamente na uniformidade que reside todo o valor histórico. A obrigatoriedade selou o papel do monasticismo como pilar da unidade do Reino Franco. Afinal, os monges levavam a cultura, a religião e as leis francas não somente às fronteiras externas, angariando convertidos nas regiões limítrofes ao norte e ao leste, mas também às fronteiras internas, aos rincões agrários e às sociedades camponesas. Em síntese, os abades lidavam com os traços de paganismo que, atribuídos às populações rurais, emergiam entre práticas devocionais cristãs. Além disso, muitos mosteiros evoluíram como centros administrativos de pequenas cidades, tornando-se o polo que irradiava um governo da vida comum sobre o cinturão rural que envolvia o núcleo urbano. Assim como os bispos, os abades deveriam prover hospitalidade a viajantes e peregrinos; receber os enfermos e os pobres – atos de caridade, mas igualmente funções públicas. No entanto, enquanto exigências imperiais, como o imposto militar, os presentes anuais, o pagamento de taxas e o alojamento da corte em viagem, recaíam sobre o patrimônio episcopal, as propriedades e as rendas monásticas eram reservadas para a manutenção da comunidade eclesiástica e de seus edifícios, em virtude, sobretudo, do cuidado dos pobres. Reclusos, "mortos para o mundo", os monges desempenhavam um papel de relevo na manutenção do poder dos carolíngios.

PODER PÚBLICO, RIQUEZA E REFORMA:
A IGREJA SOB O FEUDALISMO

Em 843, após uma longa e sanguinolenta guerra civil, o império que Carlos Magno havia governado foi divido entre seus três netos. Durante longo tempo, os historiadores apontavam tal ano como marco de um declínio irrevogável. As disputas dinásticas teriam corroído por dentro um Estado centralizado, permitindo a ascensão da aristocracia, que se impunha à revelia das leis, da tradição e do bem comum, como mandatários incontestáveis em seus próprios domínios. Estaríamos diante do início da fragmentação da soberania que, em pouco mais de um século e meio, teria sido estilhaçada em centenas de domínios senhoriais: 843 teria sido o começo da passagem da ordem pública para a (des)ordem feudal. Tal caracterização tem sido revisada pela historiografia. O principal argumento consiste em demonstrar que o Império Carolíngio era um arranjo político instável, em que o poder decorria da habilidade do rei para orquestrar os interesses dos magnatas – os grandes aristocratas – e sua constante busca por mais poder, o que era assegurado pela contínua expansão territorial: a guerra em larga escala rendia à Coroa terras e populações a serem concedidas aos aristocratas. Elites regionais poderosas apoiavam a ordem política franca desde meados do século VIII. Assim, a emergência de reinos menores não deve ser vista sob o prisma da decadência do poder público, mas de uma reacomodação de forças políticas profundamente enraizadas no modo de governar levado a cabo por Pepino III e Carlos Magno. A deposição do último carolíngio a trajar a coroa imperial pôs fim ao monopólio dinástico sobre um título, mas não decretou o fim do mundo carolíngio. A capacidade de administrar a concorrência dos magnatas por mais terras e prerrogativas de governo continuava a ditar quem seria rei. Assim foi no interior do continente – um cenário distinto ocorreu na península ibérica e nas Ilhas Britânicas. Nas Astúrias, os reis levaram a cabo a reorganização da Igreja, mantendo elevado poder sobre a aristocracia em razão de tensões com o Emirado de Córdoba. Nas Ilhas Britânicas, as investidas vikings levariam ao desaparecimento de três reinos – Nortúmbria, Mércia e Ânglia Oriental –, tornando o Reino de Wessex reduto de uma elite eclesiástica a orbitar em torno do rei.

A conversão do império em reinos não rompeu os laços que os bispos mantinham com o passado. Como nas décadas de 820 e 830, eles seguiam agora, na passagem para o século X, insistindo no reconhecimento mútuo entre o rei e o sacerdote: se, por um lado, os bispos reconheciam que o monarca, originalmente um laico, era elevado a um *status* quase divino por sua atuação como defensor da Igreja, por outro, cabia ao rei admitir que os prelados eram governantes com poder de julgar a sociedade confiada a seus cuidados, sem, contudo, serem julgados. Isso, por sua vez, oferecia largo terreno ideológico para a afirmação dos poderes episcopais sobre as terras confiadas a eles, ou seja, favoreciam a expansão do poder senhorial, o qual deveria estar imune às pressões dos poderosos locais. E, embora a realização de concílios imperiais unindo prelados de todas as terras habitadas pelos francos tenha chegado ao fim, o poder e a grandeza da imagem dos bispos seguiam presentes na imaginação social: eles eram os mediadores da salvação, aqueles que, intérpretes da Divina Providência, proclamavam o alcance do sagrado, decidindo que bens, lugares e pessoas eram revestidos por ele. Não apenas na imaginação. Sua vinculação ao governo secular, impulsionada pelos carolíngios, atingiu uma magnitude ainda maior. Do bispo, o conde ou o duque esperavam auxílio militar, isto é, que ele custeasse a formação e o envio de um contingente armado. Por vezes, o eclesiástico liderava os combatentes no teatro da guerra. Por toda Europa, prelados assumiam responsabilidades públicas: presidiam a corte local, envolvendo-se pessoalmente no julgamento de direitos, imunidades e obrigações, bem como na punição de crimes e transgressões. As comunidades se dirigiam a eles para tratar da segurança e da construção de obras públicas, como muralhas, poços ou estradas. Os eclesiásticos estavam plenamente inseridos na atmosfera de competição pelo domínio da ordem pública. Essa era a realidade que caracterizava o restabelecimento do império em 962. Após a morte do imperador carolíngio, em 899, seguiram-se duas décadas de uma acirrada alternância de novos imperadores, quando a coroa que um dia pertenceu a Carlos Magno foi entregue pelos papas a magnatas de Espoleto, da Provença, do Friuli. Porém, a intensa competição pelo título imperial foi seguida por longa ausência de novos vencedores: por 40 anos, não houve um imperador no Ocidente. Isso mudou em 962, através da ascensão dos otônidas (dinastia Otoniana). O nome faz alusão direta a Oto I (912-973), cuja resistência aos magiares – invasores que migravam do Leste – o projetou como defensor de toda Cristandade Latina, imagem consagrada com o recebimento da coroa imperial das mãos do papa. Oto e seus descendentes apoiaram-se extensamente na Igreja, cujos integrantes eram recrutados para o governo secular como vassalos eclesiásticos. *A liderança clerical era promovida como pilar da ordem pública, mas em estrita dependência em relação à corte.* A relação com o papado é, nesse sentido, emblemática. Onze dias após a coroação, Oto confirmou doações e possessões asseguradas aos papas desde a era de Carlos Magno; em seguida, submeteu as populações locais, exigindo que prestassem juramento ao bispo de Roma. Cerca de um ano depois, uma cláusula similar foi imposta à Cúria Romana: uma vez eleito, cada novo pontífice deveria prestar um juramento de lealdade aos emissários imperiais. O direito de intervir diretamente na sucessão apostólica (escolha do novo papa) era a contrapartida do favorecimento público numa época de multiplicação dos senhorios laicos.

No século XIX, os historiadores alemães cunharam uma expressão para designar o lugar ocupado por mosteiros, abadias e bispados no interior do novo governo imperial: *Reichskirchensystem*, que significa "Sistema da Igreja Imperial". Por meio desse nome, atribuía-se aos otônidas a implementação de uma política deliberada de controle sobre bispados, mosteiros e abadias por parte do império; política que se caracterizava, sobretudo, pela conversão da nomeação daqueles que liderariam essas instituições em uma prerrogativa imperial; que, por sua vez, era exercida de forma sistemática: ao longo dos territórios que compreendiam, *grosso modo*, a atual Alemanha e o centro-norte da Itália, os imperadores (ou aqueles que um dia seriam coroados como tal) determinavam o curso das eleições de novos bispos e abades, assegurando esses postos aos membros da capela imperial, a aliados e parentes, atrelando, assim, a influência, a riqueza e o poder eclesiásticos a uma relação de lealdade pessoal à Coroa. Além disso, os otônidas transformavam os eclesiásticos em agentes do governo imperial, na medida em que lhes confiavam poderes seculares, como a administração de condados inteiros, a manutenção de contingentes armados, direitos de cunhagem de moeda e sobre os mercados. Mas, em finais do século XX, a existência de um "Sistema da Igreja Imperial" na Idade Média foi desafiada, com historiadores dando vida a um debate – que segue aberto nos dias de hoje – a respeito da existência de uma política sistemática de controle sobre as nomeações eclesiásticas. A crítica historiográfica ao conceito costuma depositar sua ênfase em três argumentos: (1) grande parte das igrejas e das abadias – sobretudo, as mais antigas – fazia valer seu poder para eleger livremente o seu superior, a ponto de que houvesse considerável resistência à designação imperial de um candidato externo; (2) o imperador desempenhava um papel vital em muitas eleições eclesiásticas, mas ele não possuía o poder para designar o que lhe aprouvesse ou mesmo a oportunidade para impor uma política inteiramente sua, de modo que as escolhas estavam expostas às lógicas do que se apresentava caso a caso, sendo, portanto, menos sistemática do que usualmente se reconhece; (3) bispos e abades eram dependentes das dinastias aristocráticas locais para exercer o seu poder e permanecer em suas funções, fossem elas eclesiásticas ou seculares (como homens à frente do condado), realidade que lhes exigia adaptar suas ações e, não menos crucial, que os pressionava a buscar privilégios, garantias e imunidades junto ao rei; assim, o que pode parecer uma política imanada do rei era, muitas vezes, imposta pela força das realidades locais, que variavam enormemente, e contava com diferentes agentes políticos. Logo, a exploração sistemática da Igreja como um instrumento de governo dependia de fatores que os otônidas e seus sucessores não controlavam por inteiro. No século XXI, historiadores insistem que a realidade histórica, provavelmente, esteve situada em algum ponto entre essas duas posições. Se, por um lado, não se pode desconsiderar que os otônidas administraram, deliberadamente, o curso de nomeações para abadias e bispados, não é menos importante reconhecer, por outro, que o grau em que tais cargos funcionavam como postos imperiais variava muito e dependia, igualmente, das correlações de força regionais, que, em muitos casos, entravam em conflito com os interesses imperiais. Se desempenhavam o papel de "homens do imperador", bispos e abades o faziam como integrantes das elites senhoriais da época, o que significa que sua existência social, política e religiosa era diretamente condicionada pelas lógicas aristocráticas de concentração da riqueza e competição pelo poder.

Dominado pela concorrência aristocrática por poder, distinção e riqueza, o século X se tornou palco da proliferação das igrejas locais, as "paróquias". Esse nome designava a menor unidade territorial da Igreja, demarcando as obrigações econômicas da população junto ao clero e as obrigações pastorais do clero junto à população. A multiplicação das igrejas locais não era apenas resultado do crescimento demográfico e econômico, mas também da diversificação da ordem política. Em diferentes regiões, o estabelecimento das paróquias coincidia com a construção de castelos, o que as conectava diretamente ao senhorio laico. A maioria das igrejas locais era construída pelo magnata do mesmo lugar, que erguia a igreja em suas terras, escolhia o clero encarregado e se apossava das rendas eclesiásticas. Há indícios de que em certas regiões da Europa, como a *Britannia*, a *Francia* e o Lácio, a construção das igrejas marcava o estabelecimento do poder de explorar a população local, acarretando a apropriação de dízimos e demais rendas devidas à Igreja. Em diversas regiões, o território paroquial era delimitado a partir do raio de alcance do *ban* paroquial, ou seja, dos direitos de extração de rendas do campesinato. Contudo, a fundação de igrejas não era movida apenas pela motivação econômica. Era também gesto de piedade: tratava-se de criar um centro de culto da linhagem local, conferindo ao senhor uma superioridade religiosa em relação à população, a qual, por sua vez, não se mantinha inerte. Em grande parte do Ocidente, comunidades camponesas arcavam com a construção de igrejas, que tomavam forma como símbolo da devoção coletiva e da busca pela autoafirmação como uma congregação de fiéis. Era assim no campo, mas também nas cidades, onde santuários se multiplicavam: em localidades como Londres, Paris e Colônia havia dezenas de templos, erguidos por aristocratas, mas igualmente pelo "povo cristão".

A proliferação das paróquias transcorria em meio à crescente expectativa sobre a pureza eclesiástica. Esperava-se que o clero, embora atuante em meio ao povo cristão na busca pela salvação, rejeitasse numerosas normas da sociedade ao seu redor, em especial aquelas que caracterizavam o estilo de vida aristocrático: os clérigos deveriam se abster de relações sexuais, mesmo que houvessem se casado; não poderiam negociar os postos hierárquicos e a propriedade eclesiástica; deveriam manter distância da caça e da taberna, evitando a todo custo uma série de práticas senhoriais que abarcavam da falcoaria aos jogos de azar, do consumo de bebidas à vestimenta opulenta. Alimentado por uma constante demanda coletiva pela integridade dos sacramentos ministrados, o ideal de pureza comportamental ditou o tom das buscas por reformar as igrejas locais – mesmo as que se mantivessem sob o domínio dos laicos. Membros do alto clero ao longo da Europa, na Lotaríngia e no vale do Reno, na *Britannia*, na Itália central e do norte levavam adiante enormes esforços para ditar a conduta do clero paroquial e infundir certo zelo pela atuação pastoral.

Algo similar ocorreu com monges, monjas, cônegos e cônegas, cujas comunidades se multiplicaram às centenas. Por se tratar de congregações que viviam conforme uma regra, viver como monge ou cônego implicava manter certo distanciamento dos laicos, entregues à contemplação, a orações e penitências. No entanto, mesmo as comunidades mais reclusas estabeleciam relações com a sociedade. O desafio de conciliar a busca por uma existência regida por votos solenes de pobreza, castidade e obediência com as demandas demasiado terrenas do "povo cristão" fez com que mosteiros e cabidos (as residências de cônegos e cônegas) fossem permanentemente alvos de reformas religiosas: era preciso disciplinar comportamentos, combater vícios e inibir influências externas, sobretudo, nas cidades. Os registros históricos contêm numerosos casos em que a busca pela reforma pôs em movimento conflitos entre o bispo e seu clero, sendo este último, geralmente, cônegos. Formando o cabido, os cônegos integravam uma comunidade encarregada do trabalho no interior da diocese e detentora de propriedades comuns. Ocorria que tais propriedades tornavam-se alvo de disputas no interior da igreja diocesana, com os cônegos acusando o bispo de cometer arbitrariedades movido pela ganância pelo patrimônio comunitário, e o bispo repreendendo os cônegos por um estilo de vida mundano e aristocrático. Às tensões somava-se ainda a pressão do governante local, que demandava taxas, rendas e auxílios, usualmente custosos ao patrimônio eclesiástico. Para superar os impasses, chegou-se à fórmula de uma divisão da riqueza: uma parte era direcionada à "mesa episcopal", outra à "mesa dos cônegos" e a terceira era, geralmente, reservada para obrigações impostas pelo poder secular.

Quanto aos monges, a necessidade de uma regulação mais rigorosa era sentida em muitas regiões. Movimentos reformadores ocorreram na Borgonha, Normandia, Flandres, Lotaríngia, *Britannia*. Os laicos, contudo, continuavam a emergir no cotidiano de muitas maneiras: desde as mais modestas, caso dos camponeses cujo suor abastecia os celeiros, a despensa e a mesa dos religiosos, até as mais senhoriais, como as polpudas doações de terras e rendas com que os senhores buscavam lavar os pecados que poluíam suas almas. Abastadas, abadias como Cluny, situada no interior da Borgonha e fundada em 910, exerciam enorme influência além dos muros do mosteiro. A fundação de Cluny ocorreu em total independência da aristocracia, já que seu abade era subordinado apenas ao papa. Tal condição fez da abadia de Cluny um epicentro da autonomia eclesiástica e um reduto do ideal de combate à secularização da Igreja e de seu patrimônio. A autoridade de Cluny recobria vasta geografia; suas filiais recebiam e hospedavam o rei e a corte quando esses viajavam pelo reino. Em seu solo sagrado, eram sepultados os familiares de condes, de marqueses e de duques. Era cada vez mais comum que seus monges fossem recrutados para o posto de bispo. Foco político da realeza, mausoléu de linhagens senhoriais, matriz do recrutamento dos detentores da autoridade episcopal: os religiosos e as religiosas que envelheceram sob o ideal de busca pelo deserto espiritual compunham importante parcela da aristocracia que governava o mundo latino. Eram magnatas da terra, conselheiros da corte, prelados encarregados do "povo cristão", líderes intelectuais destacados. Fundada sob as aspirações de "fuga do mundo", Cluny supervisionava dezenas de casas religiosas e administrava vastíssimo patrimônio, que incluía estabelecimentos e hospedarias ao longo das principais rotas de peregrinação: Roma, Compostela, Jerusalém. Seu abade era tão influente quanto o rei ou o papa. Essa espécie de ironia histórica se repetiria com Cister, mosteiro que, fundado por um pequeno grupo de monges e eremitas insatisfeitos com a falta de rigor entre os beneditinos, deu origem a uma ordem religiosa que, em questão de décadas, contabilizava quase 800 casas espalhadas pela Cristandade transformando-se em protagonista da alta política ao lidar diretamente com as mais poderosas Coroas europeias.

As relações entre monasticismo e aristocracia laica

"O conceito de interação entre monges e freiras e a nobreza laica pode, à primeira vista, parecer paradoxal. Afinal, o projeto monástico foi inicialmente concebido como uma fuga da sociedade. Contudo, uma vez estabelecido o monasticismo no Ocidente, seus representantes rapidamente estabeleceram relações estreitas com a aristocracia dominante. [...]

O período que vai dos carolíngios ao século XI foi caracterizado pela prevalência de formas cenobíticas de monasticismo que seguiam mais ou menos a Regra Beneditina. Ao mesmo tempo, existia uma relação quase simbiótica entre o mundo monástico e a aristocracia dominante. Ambos os grupos pertenciam aos mesmos círculos de elite e aos mesmos grupos de parentesco. Esta foi uma época, anterior ao movimento de reforma papal do século XI, em que o "espiritual" e o "temporal" permaneceram fortemente interligados. [...]

A aristocracia guerreira exercia formas de proteção sobre os mosteiros, como a advocacia e o abaciato laico, nem sempre fáceis de detectar nas fontes. Os abades laicos eram escolhidos pelos governantes laicos e eram especialmente proeminentes nas abadias reais; os advogados serviam como representantes laicos para estabelecimentos que gozavam de imunidade, exercendo justiça para os monges, aumentando contingentes para o exército e cobrando impostos. Tais práticas desenvolveram-se nos séculos VIII e IX, quando numerosas abadias, originalmente fundadas por aristocratas, passaram para a proteção real ou obtiveram privilégios do soberano. Para a nobreza laica, o exercício dessas funções era retribuído através da influência na escolha do superior monástico ou nas decisões relativas ao patrimônio da abadia, muitas vezes utilizado para recompensar a fidelidade aristocrática.

Até o início do século XII, os recrutas monásticos continuariam a ser retirados quase exclusivamente das fileiras da nobreza. Na verdade, uma carreira monástica permitia aos filhos de uma família aristocrática exercer o poder como abades ou através de outros cargos monásticos. Foi também uma forma de suas famílias ficarem de olho nas doações que fizeram. Os estabelecimentos femininos também funcionavam dessa forma, embora em menor grau, uma vez que as doações de terras eram geralmente menos extensas; muitas vezes serviam também de refúgio para viúvas ou para as irmãs solteiras dos fundadores, seus parentes ou seus vassalos. Juntos, estes processos contribuíram para a cristalização de uma solidariedade social entre a nobreza e, assim, forneceram estrutura às relações aristocráticas regionais. [...]

Do século VIII ao início do XII, podemos distinguir duas vias de entrada num mosteiro. A era carolíngia valorizava a oblação – o ato de "oferecer" os filhos a uma abadia por volta dos sete anos de idade, com a expectativa de que lá permanecessem como monges. Essa prática poderá ser explicada pela vontade da nobreza de estreitar laços com determinados mosteiros, pelo elevado valor atribuído à virgindade monástica (mais bem preservada no claustro e uma garantia de que a oração fosse pura) e pela dificuldade crônica de recrutar adultos para serem monges. A entrada de adultos, no entanto, continuou a ser o caminho mais visível, especialmente depois de meados do século XI, quando o número de convertidos que abandonaram uma carreira no mundo aumentou substancialmente."

(ROSÉ, Isabelle. Interactions between Monks and the Lay Nobility (from the Carolingian Era through the Eleventh Century. In: BEACH, Alison I.; COCHELIN, Isabelle (ed.). *The Cambridge History of Medieval Monasticism in Latin West*. Cambridge: Cambridge University Press, 2020, pp. 579-82; tradução minha).

Outra importante característica da Igreja do ano mil consistia no chamado "regime de benefício". Não apenas a propriedade eclesiástica, mas igualmente as rendas vinculadas aos postos de bispo e abade eram consideradas benefícios a serem conferidos a um candidato pelo governante secular – ou seja, pelo rei, mas também pela aristocracia. Com efeito, as funções episcopal e abacial, com todos os seus direitos de propriedade, administração e usufruto, eram convertidas em prerrogativa dos grandes senhores de terra, que as transmitiam a homens da sua escolha, geralmente familiares ou vassalos. No final do século X, esse ato começou a ser nomeado de "investidura". Era comum que a investidura de bispos e abades transcorresse vinculada à realização de juramento de fidelidade ao magnata local, que, usualmente, recebia um pagamento. Esse processo de feudalização acentua ainda mais a imagem da Igreja do ano mil como conglomerado de poderes em concorrência aberta pela dominação senhorial. Afinal, *dotados de elevado* status *social, bispos, abades e abadessas, religiosos e religiosas acumulavam crescente atuação, como a instância capaz de decidir o que era o bem comum, a justiça e a paz no interior da Cristandade Latina.*

Sugestões de leitura

HAMILTON, Sarah. *Church and the People in the Medieval West, 900-1200*. London/New York: Routledge, 2013.

KRAMER, Rutger; KURDZIEL, Emilie; WARD, Graeme (eds.). *Monastic Communities and Canonical Clergy in the Carolingian World (780-840)*: Categorizing the Church. Turnhout: Brepols, 2022.

LAUWERS, Michel. *O nascimento do cemitério*: lugares sagrados e terra dos mortos no Ocidente medieval. Campinas: Editora Unicamp, 2015.

MOORE, Michael Edward. *A Sacred Kingdom*: Bishops and the Rise of Frankish Kingship, 300-850. Washington, D. C.: The Catholic University of America, 2011.

VANDERPUTTEN, Steven (ed.). *Rethinking Reform in the Latin West, 10th to Early 12th Century*. Leide: Brill, 2023.

A ascensão do papado: das reformas religiosas ao declínio da monarquia pontifícia

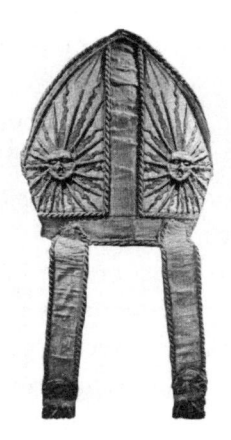

No alvorecer do novo milênio, o papado esteve sob o controle da aristocracia do Lácio. Formada por clãs rivais, a nobreza local se revezava na instalação de partidários – e mesmo de seus próprios integrantes – no trono de São Pedro. Conflitos eram frequentes e terminavam por arrastar a Igreja romana para o centro das tensões. Um dos principais efeitos acarretados por essa conjuntura era que a Igreja que se apresentava como a cabeça espiritual da Cristandade tinha grande parte de seu corpo afundado no terreno movediço da dominação local: a Cúria Romana era povoada por filhos, sobrinhos e afilhados dos clãs romanos; os quais exerciam a exploração de boa parcela das terras e das rendas atribuídas ao papa, cuja autoridade era mobilizada por uma hierarquia de oficiais, de magistrados jurídicos e militares, habitualmente recrutados junto às antigas famílias da região. Havia, assim, larga intersecção, vasta área cinzenta entre, por um lado, o poder e a influência dos magnatas locais e, por outro, o dinheiro e o pessoal que davam forma ao governo pontifício. Não existia uma oposição entre a hierarquia eclesiástica e a secular. Quem quer que fosse ele, ainda que houvesse sido empossado por uma linhagem rival, um papa das primeiras décadas do novo milênio movia-se no interior desta moldura: a autoridade religiosa estava ancorada em uma base social local. A Igreja e a aristocracia estavam unidas por numerosos laços formais. Isso mudaria em 1046.

Ao longo dos dois anos anteriores, em meio a uma revolta popular e a sucessivas acusações de corrupção eclesiástica, três pontífices se revezaram no governo papal. Ainda que resultassem de rivalidades regionais, os conflitos romanos repercutiram a centenas de quilômetros, junto à corte imperial. Afinal, Henrique III (1017-1056), rei germânico e sucessor do imperador Conrado II (c. 989-1039), cultivava a expectativa de seguir os passos paternos e ser coroado imperador dos romanos. Porém, receber a coroa de qualquer um daqueles três contaminaria a legitimidade da autoridade recebida, razão pela qual, em dezembro de 1046, Henrique, tendo ingressado na península itálica à frente de um grande exército, declarou os três papas depostos e entronizou como papa um bispo germânico. Era o início de uma ruptura drástica. A partir de então, o topo da hierarquia eclesiástica passava a ser formado por um bispo forasteiro, cujo *status* havia sido assegurado por uma voz que em breve retornaria para o outro lado dos Alpes; um bispo que não possuía laço algum com a hierarquia secular, com os juízes que atuavam dentro do palácio episcopal, com o prefeito da cidade e até mesmo com o clero das principais igrejas de Roma. E não foi um caso isolado. O novo pontífice seria o primeiro de uma sucessão de cinco prelados germânicos a envergar o título de sucessor apostólico. Ocupada por eclesiásticos de Além-Alpes, a Cúria papal foi removida do alcance das antigas famílias, pouco importa se rivais ou não entre si. Globalmente alijada do poder, a aristocracia do Lácio, por sua vez, se tornaria a fonte de uma recorrente oposição ao papado. Por quase 20 anos, entre 1046 e 1064, sempre que um sumo pontífice falecia, os magnatas aderiam – militarmente, inclusive – à candidatura de prelados rivais àquele círculo de clérigos estranhos aos "homens ilustres" que haviam governado Roma por décadas. Em outras palavras, a Igreja romana era considerada por eles uma força antirromana.

Ao longo da Cristandade, a relação com a aristocracia local determinava, em larga medida, a investidura episcopal. Ou seja, as conexões com os poderosos locais decidiam quem seria bispo. No caso de Roma, tal conexão fora rompida, o que empurrou o papado para a raríssima posição de instituição desprovida de ancoragem social imediata, confrontada com agudo antagonismo no acesso a rendas e ao patrimônio que compunham o próprio bispado. Uma posição potencialmente marginal. A partir de então, a alta cúpula clerical romana foi pressionada pelo seu próprio entorno senhorial a projetar-se para fora, a encontrar noutras paisagens os aliados que o Lácio lhe negava. Ela o faria entrelaçando duas lógicas sociais. Em primeiro lugar, materializando a autoridade apostólica como uma presença efetiva em diferentes regiões da Cristandade. Os papas, notórios por suas muitas viagens pelo mundo latino, estavam a serviço desse propósito. Além de itinerante, o papado passou a fazer uso mais frequente dos legados apostólicos: a enviar para os reinos, os ducados e os condados prelados "imbuídos da autoridade de Pedro", dotados do poder para decidir disputas e conflitos, como se sua voz fosse a do próprio papa. Entre as razões que levaram ao envio de legados, como se toda a Cristandade fosse uma imensa jurisdição papal, estava a necessidade de exercer poder além de Roma. Em segundo lugar, os pontífices adotaram a própria realidade como norma a ser estabelecida em todo mundo cristão. A experiência de pertencer a uma Cúpula eclesiástica desterritorializada, isto é, que deixou de pertencer à base social local e converteu-se numa Igreja que exercia uma autoridade constantemente desafiada em seus próprios domínios, foi vivida por seus membros como um processo de libertação da Igreja perante a tirania dos laicos. A excepcionalidade foi transformada em um sublime ideal político: a "liberdade da Igreja". *Os papas, os cardeais, os legados, todos passaram a ser mobilizados pela necessidade de libertar dioceses e mosteiros, fulminando a dependência de bispos e abades junto a poderosos locais, instalando uma separação mais rigorosa entre clérigos e laicos.*

Tais lógicas sociais foram implementadas por meio da linguagem então conhecida ao longo da Cristandade como "discurso reformador". O papado mobilizou categorias que serviram à defesa da "liberdade da Igreja". Entre elas, estava o combate à simonia: nome cabível à compra ou à venda de posições eclesiásticas por meio de dinheiro, favores ou influência. A defesa do celibato, encampada como a luta contra o nicolaísmo: termo que nomeava os vícios sexuais do clero, incluindo, para os reformadores, a defesa do direito de casar-se. Todas essas causas reformadoras podem ser encontradas ao longo do século X. A proibição do casamento eclesiástico, ou, antes, a defesa da castidade, figura em diferentes concílios entre 927 e 1022. A simonia era outra preocupação do alto clero de tempos pós-carolíngios. No entanto, na segunda metade do século XI, um novo peso seria conferido sobre essas categorias. A excepcionalidade social do papado emprestou radicalidade à retórica reformadora. O caso mais emblemático diz respeito à chamada "investidura laica". Tratava-se da prerrogativa de reis e mandatários de designar e empossar novos bispos e abades, transmitindo poderes espirituais. A prática não era uma questão que provocasse apreensões às lideranças clericais do século X, contudo, cerca de cem anos depois se tornaria preocupação cotidiana. Esses casos indicam que o papado, movido por uma lógica social interna, transformou e impulsionou a reforma.

Em si mesma, a palavra "reforma" ocorre muito pouco na documentação, em que as ações papais são descritas, antes, como medidas realizadas em nome da "restauração" ou da "renovação" da pureza da Igreja dos tempos apostólicos. No entanto, na busca por um retorno à Igreja primitiva, os papas e seus aliados protagonizavam uma série de inovações históricas, as quais muitos historiadores não hesitam em descrever como rupturas revolucionárias. Em primeiro lugar, o pertencimento clerical ao mundo senhorial – condenado na forma da simonia e do nicolaísmo – foi crescentemente assimilado a heresias, aumentando o poder do papado para estipular eventuais punições a respeito de clérigos que, aos seus olhos, não se mostravam vinculados, exclusivamente, à instituição eclesiástica. Os papas expressavam, assim, uma nova consciência a respeito da autonomia da Igreja Católica, a quem cabia exercer plena autoridade sobre a Cristandade, não apenas sobre o clero. A obediência à Sé Romana foi rapidamente transformada em medida da própria salvação, tanto para clérigos quanto para os laicos, com os papas legislando sobre a validade dos sacramentos, dos costumes senhoriais, dos laços familiares e de vínculos políticos. No esteio dessas ações, as prerrogativas reformadoras ganharam uma crescente estruturação jurídica, com a lei canônica ocupando o centro das preocupações e das decisões entabuladas pelo papado. Coleções canônicas foram mobilizadas em escala crescente e novas compilações jurídicas foram realizadas sob a inspiração direta das ações pontifícias. A própria Cristandade passou a ser concebida como uma unidade jurídica, o território onde vigorava a supremacia da Igreja, concebida, cada vez mais, como uma instituição de clérigos – não mais como sinônimo, em primeiro lugar, da comunhão dos crentes. A imagem do primado petrino – isto é, da crença de que o papado era detentor de uma primazia sobre as demais igrejas da Cristandade por ter sido fundado pelo apóstolo Pedro, o primeiro entre todos os apóstolos – assume contornos cada vez mais territoriais e temporais, com os papas reservando para si a prerrogativa de legislar sobre os patrimônios eclesiásticos; sobre a extensão e a criação de dioceses; sobre o controle do dízimo e de outras rendas; sobre as imunidades fiscais – culpabilizando todos os laicos que se envolvessem em tais práticas, incluindo os reis e os imperadores –, bem como a premissa de serem os detentores da autoridade responsável pela unidade do mundo cristão, à qual estavam subordinados os demais poderes da Cristandade.

Tudo o que foi apresentado ao longo dos últimos quatro parágrafos consiste em uma reinterpretação da chamada "Reforma Gregoriana". Usualmente, tal expressão designa o processo pelo qual uma espiritualidade reformadora teria alcançado o papado em meados do século XI, alterado a visão de mundo de seus integrantes a ponto de transformá-lo no principal centro de uma obstinada luta contra a corrupção clerical, o que exigiu, por sua vez, sucessivos embates com o poder laico, que, do juiz local ao rei, influenciava o clero a adotar condutas cada vez mais secularizadas. Vista sob essa ótica, a reforma surge como causa da transformação do poder papal. Na interpretação aqui proposta, ela figura, antes, como um meio potencializador das prioridades impostas por uma posição social singular. Trata-se da linguagem de que dispunha o papado para lidar com a realidade inquietante, que escapava à normalidade do mundo de então: como governar uma igreja pressionada pelo seu próprio rebanho a se voltar para longe de sua sede? A encontrar fora seu próprio patrimônio os recursos e aliados de que necessitava? *Se os papas se mostraram detentores de um novo senso de autoridade, isso decorria da transformação de seu lugar social.*

**Medidas determinadas por Gregório VII
em um concílio romano de novembro de 1078**

"Cânone 1: Qualquer cavaleiro ou pessoa de qualquer ordem ou profissão que recebeu ou deva receber terras eclesiásticas de qualquer rei ou príncipe secular, de bispos ou abades contrariados, ou de quaisquer administradores de igrejas, ou quem as invadiu ou mesmo quem as vier a manter [da parte] daqueles administradores por seu consentimento corrupto e escandaloso, a menos que ele tenha restaurado as terras para as igrejas, está sujeito à excomunhão.
[...]

▶

Cânone 3: Desde que nós sabemos que em muitas partes as investiduras de igrejas são feitas por pessoas laicas contra os decretos dos santos padres, e que disto muitos distúrbios se originam na igreja, por meio dos quais a religião cristã é pisoteada, nós decretamos que ninguém do clero receba investidura de um episcopado, abadia ou igreja da mão de um imperador, rei ou qualquer pessoa laica, homem ou mulher. Quem assim tiver presumido, que reconheça que a investidura em questão está anulada pela autoridade apostólica e que ele está sujeito à excomunhão até [que preste] a digna satisfação.

[...]

Cânone 7: Nós proibimos pela autoridade apostólica que os dízimos, que a autoridade canônica demonstra terem sido concedidos para uso piedoso, sejam possuídos por laicos. Agora, se eles os receberam de bispos, de reis ou de quaisquer pessoas que sejam, a menos que os restaurem às igrejas, que se saibam incorrer em crime de sacrilégio e no perigo da danação eterna.

[...]

Cânone 12: Se qualquer bispo, mediante a intervenção de um preço ou de apelos, tiver consentido com a fornicação de padres, diáconos e subdiáconos ou o crime de incesto em sua paróquia, ou se não os tiver combatido com a autoridade de seu ofício como foi confiado e dado ao seu conhecimento, que seja suspenso do ofício."

(GREGÓRIO VII. Epístola 05b. In: CASPAR, Erich (ed.). Das Register Gregors VII. *Monumenta Germaniae Historica*. Berlin: Weidmannsche Buchhandlung, 1923, Epp. Sel. 2.2, pp. 402-405; tradução minha)

Nas décadas seguintes, o papado se firmou como a instância em que se redesenhavam as relações entre clérigos e laicos, redefinindo a correta ordem do mundo. Tal poder era embasado no fato de que a projeção para Além-Lácio se consumara: após décadas, a Santa Sé não era, politicamente falando, o centro religioso fixado em Roma, mas uma instância móvel, capaz de se deslocar pela geografia ocidental e para a qual convergia uma série de alianças regionais. Sempre que acolhiam a denúncia sobre o modo de vida de um prelado, a cada vez que decidiam se um eclesiástico era apto ou não para dirigir uma igreja, o papa e seus aliados implicavam-se em conflitos locais, favorecendo um dos grupos envolvidos. *Ser papa não era ditar regras e ordens desde um ponto do mundo, mas, em primeiro lugar, perpetuar e expandir um arco suprarregional de partidários e defensores, cuja lealdade era azeitada pelo oferecimento de algo que apenas os papas possuíam: o poder para conferir a aprovação apostólica a posses, jurisdições, privilégios, sentenças, isenções.* Foi assim que o papa Gregório VII (1020?-1085) governou. Ele mobilizou, constantemente, as reformas como o esteio da afirmação da singularidade do papado. Assim o fez com tal abrangência e sistematicidade, que muitos historiadores enxergaram no seu governo a síntese de uma época: a expressão "Reforma Gregoriana" é um tributo ao seu pontificado. Ele, de fato, levou adiante a campanha contra a simonia, a luta pela defesa do celibato clerical, a proibição das investiduras laicas, mas suas decisões eram instruídas por uma percepção da relação de força vigente no cenário no qual tais normas deveriam ser implementadas. As causas reformadoras transcorriam com uma expectativa de adesão de lideranças eclesiásticas diversas, e ainda de reis e do próprio sucessor imperial. Quando as relações com Henrique IV (1056-1106), filho de Henrique III e herdeiro da Coroa imperial, passaram da aliança provável ao confronto aberto, Gregório aproximou-se dos opositores ao rei no interior do império. Anos depois, quando a adesão aristocrática naufragou, a posição de Gregório em Roma se tornou insustentável. Com efeito, ele viu Henrique invadir a cidade e entronizar outro prelado como sucessor de São Pedro. Gregório morreu no exílio. Seu trágico fim demonstrava, uma vez mais, que governar era costurar alianças de longo alcance.

No início do século XII, a Igreja havia se tornado uma instituição capaz de exercer imenso poder, mas o fazia à medida que fortalecia poderes por toda a Cristandade.

GOVERNAR A CRISTANDADE: O SÉCULO XII

As décadas que emolduraram o ano 1100 foram palco de um recrudescimento do conflito entre papado e império, motivado, sobretudo, pela disputa acerca do poder para designar bispos. Em 1102, o papa Pascoal II (1055-1118), em um solene concílio reunido na igreja de São João de Latrão, proibiu que laicos dispusessem de funções eclesiásticas e as designasse a quem quer que fosse, bem como passou a não permitir que homens do clero prestassem juramento de fidelidade a laicos, incluindo os monarcas e o próprio imperador. Uma decisão difícil de ser mantida. Bispos frequentemente acumulavam atribuições públicas, tais como a realização de julgamentos, a coleta de impostos, a reunião e o envio de tropas para a guerra.

Eram, portanto, figuras profundamente envolvidas com o governo secular, essenciais para a manutenção do poder real. Em contrapartida, em diferentes regiões da Cristandade, a investidura e o juramento eram as maneiras tradicionais para transmitir a um novo bispo o controle sobre propriedades, concessões e jurisdições, tornando o clero altamente dependente da Coroa. A política pascaliana estava, portanto, fadada a enfrentar resistência ao longo da Cristandade. O primeiro caso surgiu na *Britannia*. Após divergências, o rei e o arcebispo de Canterbury chegaram à fórmula segundo a qual o monarca renunciava à investidura de bispos, mas mantinha a prerrogativa de exigir que o eleito prestasse uma homenagem feudal à Coroa. Com o passar dos anos, outros reinos deixaram de praticar a investidura laica, caso da *Hispania*, da *Francia*, da Escócia e da Hungria. O maior obstáculo revelou-se o imperador, Henrique V (1086-1125), que, após entabular negociações para a concórdia, passou, em seguida, a insistir que o papado reconhecesse o direito imperial de investir bispos. Por sucessivas vezes, Pascoal martelou uma resposta negativa. Em 1111, o pontífice propôs uma oferta radical: em troca da renúncia imperial à investidura laica, todas as igrejas entregariam suas posses e direitos seculares pertencentes à Coroa – e que teriam sido invadidos pela hierarquia eclesiástica –, o que incluía cidades, ducados, condados, pedágios, cobranças sobre mercados, centros de cunhagem de moeda, direitos que fossem reconhecidamente reais, com seus anexos de fortificações e serviço militar. Henrique, por seu turno, respondeu sequestrando o papa e obtendo, à força, o reconhecimento do direito imperial de investir bispos. O texto assinado por Pascoal encontrou veemente oposição no interior da própria Igreja romana, incluindo os cardeais.

Os anos que se seguiram foram dominados por protestos e excomunhões, até que um novo acordo foi costurado entre Henrique e o novo papa, Calisto II (1060?-1124). Pelos novos termos, o imperador renunciava à realização da investidura, assegurando que os bispos seriam escolhidos por eleições canônicas e consagrados livremente, enquanto o papa permitia que tais eleições ocorressem na presença de Henrique – que detinha o poder para solucionar impasses ou disputas, com o consenso dos bispos da província – e que o eleito recebesse os bens temporais diretamente das mãos imperiais. Tal acordo ficou conhecido como "Concordata de Worms" e marca, para muitos historiadores, o fim de uma era para a Igreja medieval.

Sob essa ótica, a partir de 1122 – ano de assinatura da Concordata –, o papado teria se transformado em uma monarquia altamente centralizada.

Ou seja, uma vez superada a época da luta entre o sacerdócio e o Império, o exercício do poder papal teria sido dirigido para a formação de um centro de poder que governasse a Igreja medieval, sobrepondo-se aos agentes locais, impondo suas decisões com mão de ferro. À pergunta, "como se deu a ascensão do poder papal no século XII?", uma grande parte da historiografia responde com a descrição habitual. Começa-se pela ascensão do colégio de cardeais. Seu número crescera entre as décadas de 1110 e 1120, mesmo período em que os cardeais assumiram uma posição cada vez mais influente nos processos de tomada de decisões no interior da Santa Sé. Em seguida, passa-se para a estruturação de um controle mais eficiente sobre o "Patrimônio de São Pedro", com o papa e os cardeais desempenhando um papel antes incomum na aquisição de fortalezas e cidades. O exercício de um governo papal dilatado logo exigiu estruturas administrativas mais eficazes, o que leva a destacar a ampliação da Chancelaria romana, reestruturando a capacidade de comunicação e guarda documental da Santa Sé, sobretudo numa época de crescente fluxo de apelações jurídicas dirigidas à autoridade apostólica. Há ainda a enorme importância atribuída à estruturação da Câmara Apostólica, instância onde um corpo de notários se especializava no controle das propriedades e dos rendimentos detidos pela Sé Romana. Todo esse aparato de centralização administrativa se traduzia pelas mãos dos legados – emissários investidos do poder de decidir conflitos em nome da autoridade apostólica – que, supostamente, atuavam como agentes do papa, assegurando as participações concretas do centro romano nos assuntos das dioceses de toda a Cristandade.

A longa duração da atuação política do papado

"A fragmentação da autoridade territorial após o colapso do Império Carolíngio na Europa é frequentemente o ponto de partida para análises da ascensão e consolidação dos Estados-nações territoriais modernos. [...] Uma vez que nós incorporamos a Igreja na análise, entretanto, a fragmentação da autoridade territorial na Europa se torna mais legível. Fragmentação era uma política deliberada do papado medieval. O papado primeiro buscava libertar a Igreja da influência imperial – e então prevenir um ressurgimento imperial. Como resultado, a fragmentação não é uniformemente distribuída pela Europa e é intimamente associada com o conflito papal.

▶

Primeiro, nem toda autoridade territorial era igualmente fragmentada. [...] Onde a Igreja e os governantes lutaram mais duramente, nas terras germânicas e italianas, a fragmentação política territorial persistiu e nenhuma autoridade central surgiu por séculos. A fragmentação do império era tanto extraordinária quanto extraordinariamente durável, mergulhando apenas brevemente na conquista sueca temporária na Guerra dos Trinta Anos (1618-48). A Itália está em um distante segundo lugar, mas aqui, também, cidades e principados foram beneficiados pelo foco zeloso dos papas sobre os sacro-romanos imperadores. Os governantes e os territórios mais envolvidos no conflito com o papa sobre autonomia política e domínio territorial permaneceram decentralizados, desorganizados e desunidos até os anos 1870. Em contraste, a Igreja apoiou a consolidação inicial do poder Capetíngio na França e os esforços nos territórios espanhóis.

Segundo, a fragmentação da autoridade territorial aumentou durante o apogeu do domínio papal, nos séculos XII e XIII. Isto é mais visível no caso do Sacro Império Romano, o principal inimigo da Igreja. Aqui, a fragmentação territorial aumentou acentuadamente em 1100, continuou até 1300 e então diminuiu gradualmente após 1400. Não é, portanto, que o colapso do Império Carolíngio deixou para trás uma paisagem fragmentada e estável – ao contrário: a fragmentação da autoridade territorial era dinâmica. A fragmentação italiana também aumenta durante esse período, embora em um ritmo mais moderado. [...]

Os papas trabalharam assiduamente para evitar que qualquer governante se tornasse muito forte e remontasse o Império de Carlos Magno. Eles deliberadamente jogaram os governantes uns contra os outros, e usaram doutrina, intimidação e guerras por procuração para assegurar que nenhum rival poderoso pudesse surgir, a ponto de ameaçar os interesses políticos do papado. Os papas fizeram sucessivos esforços para mover os Estados fora da esfera dos imperadores e para o interior da sua própria. [...] Não é que a Igreja falhou em legitimar monarcas – é que a Igreja deliberadamente buscou jogá-los uns contra os outros e evitar que qualquer um ganhasse muita autoridade."

(GRZYMALA-BUSSE, Anna. *Sacred Foundations*: the Religious and Medieval Roots of the European State. Princeton: Princeton University Press, 2023, pp. 55-7; tradução minha).

A expansão do governo papal no transcorrer do século XII é uma constatação que se impõe a todo estudioso. A mutação das técnicas administrativas é facilmente percebida por meio da documentação existente. Mas a dinâmica política por trás dessa ascensão não foi a de uma centralização interventora, como se as decisões tomadas em Roma recaíssem sobre as igrejas regionais como imposições unilaterais, ditando obediência e sugando os recursos materiais e simbólicos. *O papado converteu-se em uma instituição mais poderosa e administrativamente mais complexa, multiplicando os aliados regionais, atuando como instância que tomava parte em conflitos locais e se alinhava a uma das forças em disputa*: o envio dos legados, a celebração de concílios, a concessão de privilégios e bulas, todos eram instrumentos de governo pelos quais a Santa Sé era capaz de assimilar interesses locais no interior dos propósitos declarados por papas e cardeais. Em outras palavras, *o papado tornou-se a força hegemônica do mundo latino, multiplicando o poder já detido pelas elites regionais da Cristandade.* Ou seja, se, por um lado, estamos diante da ascensão de uma monarquia papal estruturada como um conjunto de órgãos de governo que, pela primeira vez, ultrapassavam a administração de uma cidade e de uma malha de territórios italianos, para lidar com um fluxo de demandas e litígios oriundos de toda a Cristandade, por outro, não é menos decisivo historicamente que essa monarquia funcionava não como um centro a se impor sobre periferias políticas, mas como uma rede de diversos núcleos de poder mobilizados pelo papado para conferir efetividade e realidade às suas decisões. A monarquia papal era uma estrutura compósita, que envolvia muitas realidades políticas e não só um centro de poder. Por duas ocasiões, isso se tornou evidente. A princípio, em 1130. Aqui, divergências entre os cardeais fizeram com que a eleição do novo pontífice resultasse na escolha de dois candidatos: Anacleto II (1090-1138) e Inocêncio II (1081-1143) disputaram o trono de São Pedro por anos. Embora Anacleto controlasse a cidade de Roma e contasse com uma gama de aliados no interior do Lácio, por fim, foi Inocêncio quem prevaleceu. A razão para tal desfecho consistia no fato de que, entre seus apoiadores, figuravam os legados apostólicos que, em anos anteriores, haviam costurado uma ampla rede de favorecimentos papais a figuras graúdas do clero na *Francia*, na *Britannia* e no império. Como tal, reconhecer Inocêncio como legítimo detentor da autoridade papal implicava aderir àquele que perpetuaria um arranjo de concessões, privilégios, isenções e imunidades usufruídos pelo escalão das igrejas regionais. O chamado "Cisma de 1130" trouxe à tona uma relação de profunda dependência mútua: se as cúpulas eclesiásticas da Cristandade encontravam no papado uma voz única para a preservação de suas fortunas e a resolução de conflitos, o papado dependia de alianças regionais para assegurar os rumos e a estabilidade do governo pontifical. A relação se tornou ainda mais evidente durante o longo conflito entre o papa Alexandre III (1100?-1181) e o imperador Frederico Barbarossa (1122-1190), que marca a segunda ocasião mencionada anteriormente. Entre 1159 e 1177, Alexandre passou a maior parte do tempo longe de Roma, não apenas porque os partidários imperiais detinham grande influência sobre a cidade, mas também porque, nas últimas décadas, Roma havia se tornado palco de um movimento comunal: uma parcela das elites urbanas buscava o autogoverno, selando o fim ao governo dos papas. Durante esse tempo, Alexandre deslocou a Cúria papal constantemente: residiu em Benevento, Sens, Tours, Segni. Em cada localidade, ele retesava os laços de aliança entre as forças locais e a "família do bem-aventurado apóstolo Pedro". Por fim, cerrou fileiras com a chamada "Liga Lombarda", uma federação de cidades formada para resistir ao imperador. Graças à vitória da Liga em 1177, Alexandre pôde reingressar a Roma.

E foi assim, como uma instituição firmemente atrelada a alianças regionais, que *o papado se tornou, no começo do século XIII, a mais alta instância de legislação sobre a vida cristã e a corte máxima para julgar apelações e litígios.* Inédita no curso da história, essa posição era assegurada por numerosos peritos na lei canônica, cujas compilações do Direito se multiplicavam há gerações, assegurando à Santa Sé poder para arbitrar as causas maiores do cotidiano cristão. Oriundas de toda a Cristandade, as causas ocupavam imensa parte da rotina de papas e cardeais, cujas decisões, uma vez lavradas como "decretais" – como cartas que instruíam o julgamento de um litígio –, eram ensinadas nas universidades. Habitualmente, historiadores atribuem o apogeu desse processo ao pontificado de Inocêncio III (1160?-1216). Sob a sombra de sua autoridade, uma série de modificações reestruturaram as práticas judiciais no interior da Cúria e, em âmbito local, sob os mandatos emitidos pela administração papal. Muitas das 6.000 cartas deixadas por ele, além de cláusulas do IV Concílio de Latrão (1215), atestam a grande influência sobre a precisão dos procedimentos adotados nas cortes em diversas paisagens cristãs. E essa era apenas uma das facetas do poder pontifício. Inocêncio convocou cruzadas tanto para reaver Jerusalém dos muçulmanos quanto para extirpar a heresia em terras cristãs; foi o suserano de diferentes reinos, como Aragão e Inglaterra; estabeleceu um efetivo governo romano sobre os Estados Papais; influenciou a política imperial, fazendo uso estratégico da coroação. Em todos esses casos, Inocêncio entabulava negociações, selava alianças e tomava parte da manutenção de equilíbrios políticos regionais. A conjunção entre alianças suprarregionais, poder legal e autoridade pública configurava o núcleo da política papal, característica que se manteria ao longo do século XIII. Por volta de 1250, as reivindicações espirituais e seculares do papado ressoavam de uma Cúria constituída como um complexo aparato de clérigos versados no Direito

Canônico, entremeado por taxações processuais e por um funcionamento regido por prazos e arquivos em constante ampliação. Ao mesmo tempo, tais reivindicações deveriam tomar forma publicamente, não só na "alta política", mas também nas praças, nos mercados, nos portos, nas ruas; para isso, era preciso dispor da aliança de bispos, do clero diocesano e mesmo de mercadores. Em resumo, *a Igreja cristã havia se tornado uma instituição estruturada pela articulação de instâncias locais dotadas de autonomia, com um governo papal que se apresentava como revestido de uma autoridade universal.*

Papa Inocêncio III, de acordo com afresco de cerca de 1219
no Santuário de Sacro Speco.
[mosteiro de São Bento, em Subiaco, Roma]

O UNIVERSALISMO CATÓLICO ENCURRALADO: O PAPADO E OS ESTADOS MONÁRQUICOS

Folheando livros de História, é comum encontrar a época de 1300 como o marco de um declínio do poder pontifício. Isso se dá, em grande medida, em razão de um conflito entre o rei francês Felipe IV (1268-1314) e o pontífice Bonifácio VIII (1235-1303). Voltaremos a isso. Entretanto, antes de avançar, cabe destacar que a crise envolvendo a realeza francesa não deve ofuscar os poderes práticos exercidos pelo papa. O Direito Canônico seguia atuando como uma força intelectual a impulsionar a ação pontifícia, que prosseguia estabelecendo regras sobre a disciplina clerical, a organização da hierarquia, a gestão do patrimônio eclesial, a imunidade de igrejas, cemitérios e outros lugares sacros, a realização de penitências, a adoração de relíquias e outros temas centrais ao cotidiano católico. Esse volume de ações legislativas atestava a margem de controle do papado sobre a Igreja, numa época em que as monarquias europeias passavam a contar com seu próprio corpo de intelectuais, recrutados junto às universidades e treinados para empregar suas habilidades em prol dos interesses da Coroa.

O papa exercia um controle crescente sobre a designação dos ofícios eclesiásticos. De forma geral, quando ocorria uma eleição disputada para a sucessão em um bispado ou uma abadia, as facções recorriam ao papa para que fosse exercido o poder de apontar quem deveria deter a renda atrelada a uma função eclesiástica. Com o passar do tempo, o recurso ao apontamento eclesiástico passou a ser reivindicado em diversas circunstâncias, não apenas no contexto de uma disputa eclesial. O papado não mais se limitava a escolher um dos concorrentes, buscava agora impor seu próprio candidato. Tais posições, chamadas de "benefícios", eram alvo de acirrada concorrência, porque implicavam o acesso ao patrimônio fundiário e às rendas eclesiásticas. Ao longo da história, coube ao superior hierárquico imediato – um bispo ou arcebispo –, ou até mesmo ao patrono laico das igrejas locais, prover tais funções patrimoniais de candidatos adequados. Mas, agora, no início do século XIV, o papado passava a assumir um papel crescente nas provisões de benefícios, evocando tal prerrogativa assim que a função se tornava vacante – portanto, antes mesmo que nova eleição fosse realizada. Com efeito, as provisões transferiam a riqueza local para as mãos de aliados romanos, fossem eles personagens locais ou integrantes da própria Cúria. Isso não significa que a provisão pontifícia resultasse de um processo arbitrário. Era necessário ao candidato provar ter a idade mínima estipulada, a educação requerida, além de "costumes idôneos". Muitos requerentes eram reprovados no curso do processo. Tampouco significa que tudo se passava sem oposição alguma, ao contrário. Estima-se que, ao longo do século, metade dos que receberam uma provisão pontifícia não conseguiu assumir o benefício para o qual foi designada. *O universalismo reivindicado pelo papado era, amiúde, frustrado pela força local de laços de parentesco ou do patronato laico sobre as igrejas.*

No entanto, a maior fraqueza do papado era, desde o século XI, financeira. Como vimos, a Cúpula romana enfrentava uma expressiva oposição para assegurar um fluxo de rendimentos para a cidade de Roma. Embora fosse o governante secular dos Estados Papais, o pontífice enfrentava a resistência de numerosos senhores feudais e, em especial, a partir do século XII, de cidades cujas elites buscavam alcançar uma crescente independência. A transferência das cobranças para a Cristandade não era, em muitos casos, simplesmente factível. Em sociedades já caracterizadas pela existência de numerosas taxas, a crescente busca papal por rendimentos esbarrava na pesada carga de encargos feudais vigentes. Isso podia ser comprovado com a imposição de um tributo para o financiamento das cruzadas: em muitas regiões, a cobrança era considerada excessiva e o papado tornava-se alvo de críticas mordazes – a virada para 1300 guarda muitos registros escritos, tanto em cartas e crônicas quanto em poemas satíricos, a respeito do apetite apostólico por dinheiro. Não que o papado não dispusesse de consideráveis rendas, taxas e doações econômicas, mas o montante necessário para custear a Cúria com seu imenso aparato legislativo, burocracia, instâncias jurídicas e arquivos tornava a cobrança fiscal uma matéria de máximo interesse para os sucessores de Pedro. Isso nos traz ao conflito entre o papado e a Coroa francesa.

Em 1295, o clero francês – especialmente a ordem de Cister – fez chegar ao papa Bonifácio VIII queixas a respeito da taxação levada a cabo pelo monarca, Felipe IV, dito "o Belo", para sustentar a guerra contra a Inglaterra – que impunha medidas semelhantes ao seu clero. Em resposta, no dia 24 de fevereiro de 1296, Bonifácio promulgou a bula *Clericis Laicos*, decretando a excomunhão de todos aqueles que taxassem o clero sem a permissão papal, forçando o clero a escolher entre o papado e os reis; estes últimos revidaram impedindo a remessa de riquezas para Roma. Embora o papa tenha cedido, determinando que a *Clericis Laicos* fosse lida com certa flexibilidade, pois ela permitia que fossem realizadas doações eclesiásticas à Coroa, as tensões ainda permaneciam. Em 1297, os Colonna, membros de uma ilustre família romana que alegava descender dos antigos Tusculani (nobres poderosos de cujas fileiras haviam vindo vários papas), protagonizaram uma escalada de tensões com os Caetani, a linhagem de Bonifácio VIII. A principal razão parece ter sido a agressiva política territorial levada a cabo pelos parentes do papa Bonifácio, que contaram com o envolvimento direto de Sua Santidade. Em poucos anos, os Caetani estenderam seu poderio até a fronteira dos Estados Papais, ao sul da Toscana; adquiriram terras no interior da Campagna, em alguns casos substituindo os Colonna como detentores de fortalezas locais que controlavam extensas áreas rurais. Além disso, alguns registros indicam que Bonifácio valeu-se da competição entre os adversários, lançando os Colonna de Palestrina contra o ramo Colonna de Genazzano. A história se prolonga rapidamente por uma série de episódios, que vão desde o ataque a um carregamento de moedas de ouro do papa e a excomunhão e deposição dos cardeais Colonna até culminar na convocação de uma cruzada contra a linhagem itálica. Os Colonna, então, contra-atacam: passam a afirmar que a eleição de Bonifácio foi inválida e o acusam de ser diretamente responsável pela morte de seu predecessor. Além disso, queixas contra Felipe IV seguiam singrando o ar em Roma. No final de 1301, Felipe manteve preso o bispo de Pamiers e, declarando a Sé episcopal vaga, reivindicou as rendas e o controle sobre seu patrimônio eclesiástico. Em 5 de dezembro daquele ano, o papa, em uma carta endereçada ao rei e intitulada *Ausculta Fili*, advertia Felipe por ter se afastado do caminho da Igreja, quer por indolência, quer por um desígnio perverso. Em abril de 1302, a nobreza e o clero franceses rechaçaram a iniciativa papal. Em 18 de novembro de 1302, Bonifácio decidiu elevar o tom do confronto: através da bula *Unam Sanctam*, proclamou que a Igreja detinha poder sobre as espadas espiritual e temporal. Ainda que esta última estivesse nas mãos de reis e de cavaleiros, deveria ser usada com consenso e a vontade do sacerdócio – no caso, o papa. A Igreja, continuava o texto, podia julgar o poder terrestre de tal modo que toda criatura – incluindo os reis – deveria estar sujeita ao sumo pontífice. O revide veio rápido, de março a junho de 1303. Em uma assembleia no Louvre, o papa foi acusado de heresia, simonia e de outros pecados: deveria ser julgado por um concílio. A escalada de tensões culminou na invasão da residência pontifical em Anagni por um conselheiro régio acompanhado pelos Colonna e uma tropa de mercenários. Seu propósito, provavelmente, era capturar Bonifácio, conduzi-lo para a França, onde seria julgado ou mesmo deposto. O papa foi salvo pela população da cidade.

Como foi dito, há décadas, a historiografia considera tal conflito o momento apoteótico de uma crise entre Estado e Igreja que se agravava há um século. Seria o auge da imposição de um novo conceito sobre a cultura política europeia: a soberania temporal. Ou seja, que o poder régio decorria da existência de uma comunidade politicamente organizada sobre um território, através de uma corporação de poderes e jurisdições. *A jurisdição universal reclamada por papas, desde meados do século XI, já não poderia ser evocada sem se chocar com a legitimidade da autoridade monárquica.* A ideia de uma *plenitudo potestatis* ("a plenitude de poder") dos pontífices sobre a sociedade cristã, como reivindicara Inocêncio III no início do século anterior, esbarrava na ideia, cada vez mais comum entre os letrados e as cortes, de que os monarcas exerciam um poder alicerçado no governo dos homens pelos homens. Nesse sentido, o confronto entre Felipe e Bonifácio abre um novo capítulo na história da Igreja: uma época em que os Estados Monárquicos, dotados de fundamentos ideológicos próprios, levariam às últimas consequências sua afirmação como a cabeça de corpos políticos específicos. *A ideia de uma pluralidade política se impunha como retórica onde antes vigorava o apelo à unidade universal.*

DO PAPADO DE AVIGNON AO CONCILIARISMO: A IGREJA NO FIM DA IDADE MÉDIA

Em 1309, cerca de seis anos após o falecimento de Bonifácio, o papado instalou-se em Avignon, cidade abrigada em um território localizado no sudoeste da atual França. Durante muito tempo, a historiografia considerou tal mudança, de Roma para Avignon, a prova incontornável da conversão do papado em um satélite da monarquia francesa. Essa imagem, contudo, simplifica excessivamente a realidade histórica.

Após a morte de Bonifácio, os cardeais elegeram papa um eclesiástico, um italiano, que governou por oito meses. Seguiu-se um interregno de quase um ano, até que um longo conclave aclamou o arcebispo de Bordeaux, Bertrand de Got (1264-1314), que tomou o nome de Clemente V. Bertrand recebera a notícia da eleição em Vienne e retornou, então, para Bordeaux, onde aguardou a coroação. Sua entronização como papa ocorreu em Lyon. De posse da coroa pontifícia, Clemente passou anos deslocando-se

pelo Sul da França até que, em 1309, instalou-se no convento dos dominicanos em Avignon, um destino entre os muitos então visitados. O
papa não mudou a Santa Sé para uma nova sede: apenas instalou uma
nova residência provisória. Aliás, residir fora de Roma era costume antigo:
Urbano IV (1195-1264) nunca pôs os pés na cidade, João XXI (1215-
1277) e Martinho IV (1220-1285) também nunca residiram entre as sete
colinas, tampouco Celestino V (1209?-1296). Inocêncio IV (1195-1254)
esteve por um curto período, assim como Alexandre IV (1199-1261) e
Gregório X (1210-1276). Não era incomum que o poder pontifício fosse
exercido longe dos domínios romanos. Tampouco isso significa dizer que,
distantes do túmulo dos apóstolos, os papas estivessem em uma paisagem
estrangeira. Avignon estava localizada no condado Venaissino, região que
se encontrava sob controle papal há décadas e não pertencia à França na
época, mas ao rei de Nápoles e conde da Provença. Mesmo longe, os papas
continuavam a ser bispos de Roma. É preciso, portanto, discernir certa
autonomia na política clementina de aproximação com a corte francesa.

O Palácio dos Papas, Avignon. Formado pela conjunção do "palácio antigo"
construído por Bento XII e das numerosas extensões do "palácio novo"
edificado por ordem de Clemente VI, o Palácio foi erguido entre 1335 e 1352
e tornou-se uma das principais edificações em estilo gótico de toda a Idade Média.

O processo de fixação do papado em Avignon – de fazer com que a cidade deixasse de ser a residência provisória – levou ao menos duas décadas para ocorrer. Os sucessores de Clemente corroboraram tal política ao transformar a cidade em uma espécie de capital financeira da Igreja medieval: a ampliação das finanças papais, um tema presente entre as urgências há um longo tempo, seria transformada em prioridade. Estabeleceu-se um controle sobre as provisões e as "anatas" (uma taxa proporcional ao rendimento anual de uma igreja, a ser paga por quem recebia um benefício eclesiástico; em muitos casos, consistia no equivalente ao primeiro ano das rendas de uma igreja). Substituídas por um sistema mais abrangente de apontamentos de benefícios, as eleições locais foram drasticamente reduzidas. Em Avignon, a Cúria passou a lidar com milhares de designações eclesiais. A câmara apostólica (instância que controlava a gestão da riqueza papal) foi reformada, assim como a chancelaria e as cortes judiciais, fixando-se procedimentos mais precisos (e mais custosos para um requerente) quanto à análise de apelações, petições e apelos à Santa Sé. O papado deitava raízes econômicas em Avignon, cujo poderio foi comprovado com a compra da cidade junto ao conde da Provença – ela permaneceria uma possessão papal até a Revolução Francesa. Foi em meio a tal contexto que se deu início à reconstrução do antigo palácio episcopal, transformado num complexo arquitetônico que ficou conhecido como Palácio dos Papas. O passo seguinte foi transferir os arquivos papais da Itália para Avignon. Porém, seria um equívoco reduzir o papado a um processo de secularização. Os mesmos papas que ampliavam a malha financeira da autoridade apostólica levavam uma vida frugal e engajavam-se em debates teológicos repletos de implicações doutrinárias, por exemplo, se as almas dos falecidos eram agraciadas com a visão beatífica da face de Deus. Aqueles que investiam pesadamente na diplomacia e na contratação de tropas mercenárias para tentar manter a distante cidade de Roma em seu poder eram os mesmos que buscavam reformar o estilo de vida das ordens religiosas. O envio de missionários às "partes orientais" – China e Mongólia –, almejando a conversão dos governantes, transcorria em meio a conflitos com o imperador cristão, cuja excomunhão era mantida de um pontificado a outro.

Ao todo, Avignon abrigou sete papas. O ideal do retorno para Roma tomou forma somente a partir dos anos 1350, quando foram adotadas medidas enérgicas para pacificar a Itália. Foi quando se deu o envio à península itálica do cardeal Gil Álvarez Carrillo de Albornoz (1310-1367), que moveu alianças políticas e numerosas tropas para pôr fim aos conflitos que transcorriam na Cidade Eterna (Roma). A primeira tentativa de retorno ocorreu em outubro de 1367, quando o papa Urbano V (1362-1370) ganhou as ruas romanas. A permanência, contudo, durou menos de 3 anos. Coube a Gregório XI (1370-1378) transferir a Santa Sé de volta aos templos que abrigavam a tumba de São Pedro. Contudo, bastou sua morte para a sucessão ser dominada por impasses. Em meio a reviravoltas, pressão popular e oposição irredutível dos eleitores, dois sucessores foram eleitos. O primeiro conclave a ocorrer em Roma em mais de 70 anos deu voz a Urbano VI (1318-1389), ao que se seguiu uma reação meses depois: a maioria dos cardeais reagiu à implacável reforma que o eleito buscou impor no interior da Cúria e elegeu Clemente VII (1342-1394), que tomou assento em Avignon. Os papas rivais se excomungaram mutuamente, criaram dois colégios de cardeais e instalaram duas cortes pontifícias. A dupla eleição logo dividiu a Cristandade. Enquanto Clemente VII era apoiado por França, Escócia, Savoia, Nápoles, Borgonha, Castela, Aragão e Navarra, Urbano VI era apoiado pela maior parte da Itália, pela Inglaterra, pelo Sacro Império, pela Escandinávia, pela Polônia e pela Hungria. As lealdades da Irlanda, do Reino de Nápoles e de Portugal oscilavam entre um e outro.

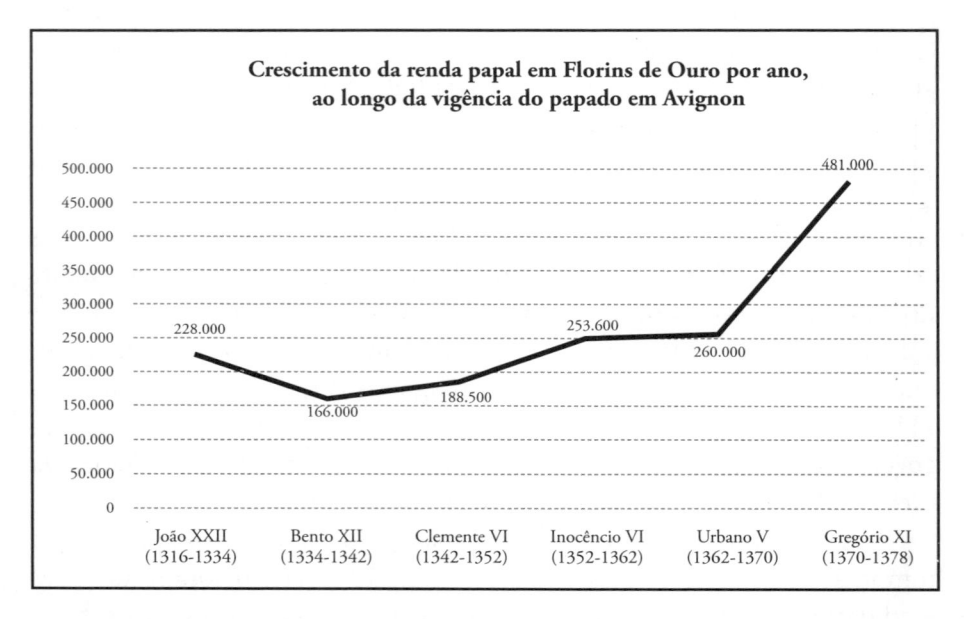

Fonte: ROLLO-KOSTER, Joëlle. *Avignon and its Papacy, 1309-1417*: Popes, Institutions, and Society. London: Rowman & Littlefield Publishers, 2015, p. 155.

A divisão, todavia, acarretou reações. Já nos anos 1380, uma antiga ideia começou a circular entre o alto clero, sobretudo em algumas universidades. Tratava-se do corolário ancestral de que um concílio geral poderia julgar um papa, caso se tratasse, notoriamente, de um criminoso ou herege. *Tomava forma a ideia de que os pontífices se subordinavam ao conjunto da Igreja. O universalismo reivindicado pelas decisões apostólicas enfrentava uma segunda fonte de antagonismos: à afirmação dos Estados Monárquicos se somava a ascensão do chamado "conciliarismo"* – eis o nome reservado para um complexo e heterogêneo movimento eclesiástico que, em comum, cultivava a premissa de que um concílio geral da Igreja detinha autoridade superior à do papa, podendo, inclusive, depô-lo. A chamada "*via concilii generalis*" ("o caminho do concílio geral") era apontada pela Universidade de Paris como uma forma de obter um desfecho para a existência de dois papados. Em 1408, os cardeais de ambos os lados desertaram de seus superiores e convocaram um concílio para Pisa, que, no ano seguinte, declarou os dois sucessores depostos e excomungados – a essa altura, tratava-se de Bento XIII (1328-1423), em Avignon, e Gregório XII (1327-1417), em Roma. O concílio então autorizou os cardeais a procederem a nova eleição. Foi eleito Alexandre V (1339-1410). Tendo em vista que nem Bento nem Gregório acataram a decisão, o resultado era, agora, a coexistência de três papas. Esse cenário se perpetuou por cinco anos, até que se reuniu um novo concílio, dessa vez na cidade de Constança. Aberta em novembro de 1414 e encerrada em abril de 1418, a assembleia que contava com a presença imperial, 29 cardeais, mais de 100 abades, quase 200 bispos e arcebispos, acolheu a renúncia de Gregório, que, acrescida à deposição dos outros dois pontífices, abriu passagem para a eleição de um único pontífice.

Mas o conciliarismo não se extinguiria com a resolução do chamado "Cisma do Ocidente". Seu legado iria além. Imporia ao papa a obrigatoriedade de convocar concílios com frequência, ciente de que tais assembleias representavam o corpo da Igreja e, como tal, envergava uma autoridade recebida diretamente de Deus, à qual todos, até mesmo os pontífices, deviam obediência. Elaborada por canonistas e teólogos formados por muitas universidades de então, a teoria sobrepunha a autoridade da Igreja sobre a do papado. Era uma doutrina que estipulava uma redução do poder realmente exercido pelos pontífices. Ela resultaria, quase 20 anos depois, na reunião de um concílio em Basileia, que durou de 1431 a 1439 e pode ser encarado, a um só tempo, como o zênite e o nadir do conciliarismo. A certa altura, o papa da época, Eugênio IV (1383-1447), divulgou uma bula dissolvendo o concílio, que, todavia, permaneceu reunido. Pouco mais de um ano depois, já em 1433, Eugênio capitulou, decretando a nulidade do documento que havia elaborado. O concílio se impôs como uma instância reformadora que arriscaria uma iniciativa radical: tentou-se remover do controle papal todas as rendas exteriores aos Estados Papais, bem como estabelecer comitês eclesiásticos para exercer funções judiciárias e administrativas acumuladas pelo papado. Em 1438, Eugênio declarou a transladação do concílio para Ferrara e, logo em seguida, para Florença. Porém, uma parcela dos padres conciliares permaneceu em Basileia, onde elegeriam novo papa. A reintrodução da divisão da Cristandade por uma ação direta do movimento que se apresentava como o caminho para a unidade acarretou o descrédito do conciliarismo. Ademais, a adesão das Coroas europeias a um papa rival era, agora, uma possibilidade esgotada. O mundo de 1438 era muito diferente daquele de 1378. No atual cenário, Eugênio se destacava com o detentor de uma autoridade indivisa. Ele encarregou-se da reaproximação com a Igreja grega, que se separara da Igreja latina entre meados do século XI e início do século XIII. Essa reunião, proclamada em 1439, durou pouco: cessou com a conquista de Constantinopla pelos turcos em 1453. Alguns anos depois, em 1460, o papa Pio II (1405-1464) declarou o conciliarismo um abuso execrável, resultante de um espírito de rebelião. A declaração contou com o apoio dos cardeais e prelados itálicos. Tinha início um novo tempo para o papado e a Igreja Católica.

Sugestões de leitura

D'AVRAY, David L. *Papal Jurisprudence, 383-1234*. Cambridge: Cambridge University Press, 2022.

DUARTE, Magda Rita Ribeiro de Almeida. *Negociando com o papa*: uma história da Cruzada Albigense. Curitiba: Appris, 2020.

LYNCH, Joseph; ADAMO, Phillip. *The Medieval Church*: a Brief History. New York/London: Routledge, 2014.

ROLLO-KOSTER, Joëlle. *Avignon and its Papacy, 1309-1417*: Popes, Institutions, and Society. London: Rowman & Littlefield Publishers, 2015.

RUST, Leandro Duarte. *Colunas de São Pedro*: a política papal na Idade Média Central. São Paulo: Annablume, 2011.

WHALEN, Brett Edward. *The Two Powers*: the Papacy, the Empire, and the Struggle for Sovereignty in the Thirteenth Century. Philadelphia: University of Pennsylvania Press, 2019.

Um mundo em movimento: dinâmicas sociais e poder eclesiástico

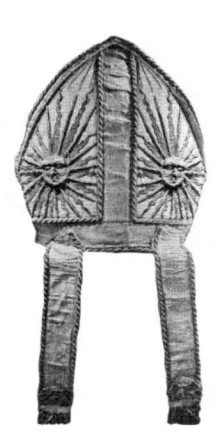

À primeira vista, a sagração de Pepino, o Breve, como rei e a coroação de Carlos Magno como imperador – ambos os eventos conduzidos por papas – poderiam ser tomadas como provas de uma dominação da Igreja de Roma sobre a realeza franca e, através dela, da sociedade cristã. Essa seria, contudo, uma imagem distorcida. A sacralização da nova dinastia a instalou como a força que ordenava a vida social, incluindo as instituições eclesiásticas. Entre 750 e 850, os reis carolíngios levaram adiante uma política global de regulação da vida cristã, com a Coroa assumindo a implantação do Direito Canônico por meio de capitulares e da realização de concílios. Isso significa que a corte carolíngia passou a transformar, muito rapidamente, a cultura política e religiosa da época, afetando – de diferentes maneiras – o modo de vida das populações submetidas ao seu poder. Os carolíngios se empenharam para "corrigir" os atos públicos que envolviam seus súditos, incluindo celebrações e obrigações religiosas. Assim, o entendimento da Bíblia, da tradição católica e da teologia tornava-se veículo fundamental para a instrução de clérigos e laicos a respeito de temas cruciais para seu dia a dia, como o estabelecimento da justiça, da educação das populações cristãs, da cristianização dos pagãos, da concórdia entre aristocratas. *Em muitos sentidos, o pertencimento político ao reino tornava-se um pertencimento à Igreja*, fazendo com que questões que nós, modernos, enxergamos como especificamente religiosas – talvez como tecnicalidades teológicas – acarretassem, para a época, uma série de desdobramentos e consequências, pois definiam as responsabilidades públicas e tracejavam a linha entre o súdito leal e o contestador, entre as ações corretas e as prejudiciais ao reino ou ao império. A esfera pública foi particularmente importante para os carolíngios, que a concebiam como palco de uma ética inseparavelmente religiosa.

Em meados do século VIII, o Direito Canônico consistia em uma vasta tradição de textos atribuídos a autoridades da Antiguidade e da Antiguidade Tardia. Tratava-se de um panorama complexo, descentrado, em torno do qual orientações das mais diversas podiam ser encontradas. Para extrair uma ordem desse intrincado cenário, em 789, Carlos Magno presidiu uma assembleia de bispos, abades e aristocratas laicos, que, por sua vez, resultou na publicação de uma série de comandos para a vida cristã conhecida como *Admoestação Geral*. Grande parte desse documento era inspirada em outro, uma coleção canônica que o rei havia recebido do papa mais de uma década antes e que é conhecida como *Coleção Dionísio-Adriana*, pois havia sido criada por volta do ano 500 pelo monge Dionísio e fora legada a Carlos pelo papa Adriano I (700?-795). Contudo, foi com a *Admoestação* e suas 80 ordenações que as disposições sobre as relações entre o clero e a sociedade ganharam maior força de lei. Por exemplo, a assembleia mostrou-se preocupada como a necessidade de reafirmar a hierarquia eclesiástica, cujos laços encontravam-se afrouxados pelo passar do tempo. Os bispos deveriam atuar sob estrita supervisão dos metropolitas – seus superiores hierárquicos –, com os quais se reuniriam em sínodo duas vezes ao ano. E havia muito sobre o que prestar contas. Ao bispo competia o desenho básico da administração da Igreja. Ele deveria investigar os candidatos ao sacerdócio; certificar-se de que não houve dinheiro envolvido na promoção à vida clerical; que ninguém se tornasse bispo antes dos 30 anos; que os sacerdotes não se envolvessem em negócios mundanos ou frequentassem tavernas, que conhecessem e obedecessem à lei canônica e que não conspirassem contra seu bispo. Quanto aos laicos, o texto carregava uma série de instruções pastorais, como a de que o batismo não era suficiente para selar o ingresso na vida cristã, pois um conhecimento da fé era necessário; escolas deveriam ser estabelecidas em cada mosteiro e catedral para o estudo de salmos e livros sobre gramática e música; sacerdotes deveriam explicar ao povo o significado das orações cristãs para que soubessem o que suplicavam a Deus; o domingo deveria ser estritamente observado como dia de descanso e contemplação.

Atrelado diretamente à autoridade do rei, o Direito Canônico estabelecia uma visão comum às elites carolíngias a respeito de como deveria ser organizada a sociedade. Algo semelhante se passou com a realização de concílios. Entre 750 e 850, muitas assembleias foram convocadas e presididas pelo monarca carolíngio para tratar de disputas teológicas – como o aparecimento do chamado adocionismo, doutrina que pregava que Cristo não era coeterno a Deus, pois havia sido adotado por Ele no momento de seu batismo – ou da organização da vida cristã em regiões recém-conquistas, como a Saxônia. Mas talvez a iniciativa mais duradoura tenha sido realizada entre os anos de 816-817 e de 818-819, quando o imperador convocou para Aix-la-Chapelle (Aachen) – a sede do império – dois concílios "para a correção da vida religiosa". Em essência, bispos, abades e monges ali reunidos sob a ascendente figura do abade Bento de Aniane buscavam reforçar a adoção da Regra de São Bento por parte dos quase 650 estabelecimentos monásticos do Império. Na interpretação dos religiosos reunidos, um monge deveria reservar grande parte das horas do dia para atividades do coro, como orações e salmodias, afastando-o do trabalho manual prescrito na Regra. Assim, embora tal uniformização não tenha sido alcançada, a Regra de São Bento foi alçada ao posto de ideal máximo para a vida religiosa, tornando-se a orientação hegemônica no Império, tendo a liturgia como componente dominante entre os ideais do monasticismo. O resultado alcançado, especialmente em 817, convergia para as decisões estipuladas na *Admoestação Geral*, cujo texto havia se baseado na Regra de São Bento. Embora não fossem designados para o trabalho pastoral de bispos e padres, os monges deveriam se encarregar de prover à Igreja uma série de componentes decisivos para sua organização: o ensino do latim, o canto e a música missais, os cálculos que definiam o calendário cristão, a cópia de livros litúrgicos, a elaboração de manuscritos diversos, as formas de registro e de administração das propriedades eclesiásticas. Nessa mesma época, a vida canônica – aquela que dizia respeito a cônegos e cônegas – foi distinguida da vida monástica, e estipulou-se para o clero vinculado a uma igreja catedral ou colegiada a obrigatoriedade de partilhar uma existência comum, sobretudo no refeitório e no dormitório. *Os rigores da disciplina assim estabelecida para os diversos segmentos da hierarquia eclesiástica visavam transformar a inserção social do clero, enraizando-a ainda mais no cotidiano das comunidades cristãs e fortalecendo a posição da Coroa como pilar do consenso religioso entre o "povo cristão".*

O Renascimento Carolíngio

"As ideias sobre as responsabilidades pastorais e os deveres dos pastores para com os crentes já existiam há séculos na época em que Pepino, o Breve, se tornou rei, mas passaram a ser usadas de novas maneiras no período da nova dinastia carolíngia [nas décadas por volta do ano 800]. Pela primeira vez, não só os bispos e os padres, mas também os próprios reis passaram a ser considerados pastores, o que trouxe novas responsabilidades e novas ênfases à forma como governavam. Além disso, nesse período, testemunhamos pela primeira vez expressões de preocupação de baixo para cima, quando as comunidades laicas sentiam que não recebiam um cuidado pastoral adequado e preocupavam-se com as consequências para as suas almas. O conceito central em torno do qual giravam todas essas ideias é o da salvação e, mais especificamente, as formas pelas quais reis, bispos e padres passaram a considerar a si mesmos responsáveis pela salvação de todos.

Numerosos estudiosos já ressaltaram o fato de que, para os reis carolíngios, a salvação do seu reino e dos seus habitantes era fundamental para o seu governo. Todos os seus súditos cristãos deveriam ser conduzidos à vida eterna no céu após a morte, para que o reino continuasse a existir por toda a eternidade. A hierarquia eclesiástica de ambos os cleros, regular e secular, foi o grupo de trabalho a quem foram confiadas duas responsabilidades cruciais neste contexto: o clero regular enviou um fluxo incessante de oração ao céu, enquanto o clero secular cuidou das almas laicas e instruiu-as pela palavra e pelo exemplo. A salvação e a continuação do reino, nessa visão, exigiam a dedicação de cada um dos seus habitantes. Os olhos de Deus não pousaram apenas nos membros da elite, mas também nos homens e mulheres que aravam os campos e pastoreavam os porcos. Na concepção carolíngia de salvação, cada cristão, que afinal prometeu servir ao seu Senhor Deus quando foi batizado, deveria fazer o máximo para viver de acordo com a Sua vontade.

No período carolíngio, muita reflexão foi dedicada à análise do que isso significava. O que exatamente era considerado o estilo de vida dos bons cristãos passou a abranger todos os aspectos da existência diária. A salvação para todos e a continuação do favor divino seriam, portanto, o resultado final do sucesso coletivo; inversamente, como as pessoas sabiam há séculos, surtos de doenças em humanos e bovinos, inundações ou colheitas fracassadas eram sinais de fracasso coletivo em agradar a Deus, e isso precisava ser remediado, ou melhor, totalmente evitado."

(VAN RHIJN, Carine. *Leading the Way to Heaven*: Pastoral Care and Salvation in the Carolingian Period. London/New York: Routledge, 2022, pp. 46-7; tradução minha).

É crucial mantermos em mente que essas iniciativas de reforma ocorriam com a sociedade franca em expansão. A reestruturação dos poderes eclesiásticos transcorria em meio a uma série de pressões pela cristianização das populações em diferentes fronteiras. A começar pela atuação missionária liderada por um monge chamado Winfrid, que adotaria o nome de Bonifácio. Sua atuação concentrou-se no território do que seria a atual Alemanha, fundando mosteiros e estabelecendo províncias eclesiásticas. Foi morto em 754, por mãos pagãs. Havia ainda as longas guerras movidas contra os saxões, os únicos que permaneciam inteiramente pagãos entre os rios Reno e Elba. Carlos Magno levou 30 anos (772-802) para assegurar sua integração ao império, uma história que foi marcada por batismos forçados e muito derramamento de sangue. O batismo também foi uma estratégia utilizada contra os normandos: ao longo do século IX, missionários e a própria corte imperial investiram na conversão de reis daneses e nórdicos – ou vikings, se preferirmos. Tais estratégias alcançaram um êxito parcial e os normandos continuaram a avançar sobre os litorais cristãos. Houve ainda a dilatação da fronteira com os muçulmanos, ao sul, onde ficou estabelecida uma nova zona de ocupação cristã frente ao Califado Omíada, área que ficaria conhecida por "Marca da Espanha": região em que os cristãos ibéricos organizavam a defesa do território frente ao poderio muçulmano. Todos esses casos são relevantes, porque evidenciam que o batismo – sacramento que, para ser cumprido, implicava a existência de um clero de vida exemplar – era muito mais do que um laço espiritual. As reformas carolíngias descritas visavam igualmente formar clérigos que não maculassem esse elemento a partir do qual as elites carolíngias formavam a visão de pertencer a uma sociedade integrada, não obstante a heterogeneidade étnica, cultural e política existente entre elas. *O batismo era a ferramenta legal que permitia implementar a visão de que um império tão vasto e diverso era sustentado por um tecido social comum.* Essa política religiosa terá consequências de longo alcance para a história medieval. A principal delas é que, sendo o batismo o vínculo que gera o pertencimento pleno à vida comum, *a Igreja – como guardiã e ministrante dos sacramentos – passava a ser encarada como instância fundadora das relações sociais.*

Placa com a Virgem Maria como a personificação da Igreja (c. 800-c. 820). A aparência militar de seu vestido e o cetro com cruz que segura sugerem que ela pode ser entendida aqui como representando o triunfo da Igreja. [Metropolitan Museum of Art, Nova York]

Fundação que ocorria em lugares específicos. Uma das principais características da Igreja durante o período de 800 a 1050 consistia na centralidade dos locais de cultos, no fato de que os sacramentos – batismo, Eucaristia, extrema-unção – eram instituídos no interior de edifícios e espaços singulares. Essa era uma diferença marcante em relação à Antiguidade. De modo geral, os chamados Pais da Igreja encaravam os lugares de culto como uma necessidade secundária para a edificação dos fiéis, já que a graça divina se manifestava na congregação cristã: o principal templo do cristianismo era a união dos devotos, não construções erguidas pela mão do homem. Com a época carolíngia, difundiu-se uma teologia em pedra: a lógica de que a palavra de Deus habitava certos espaços, cuja extensão tomava forma por meio de uma consagração, isto é, de um ritual pelo qual o bispo demarcava uma parcela de terra como solo sagrado e a dedicava – juntamente às edificações aí existentes – a Deus. Assim era formada a percepção comum entre os cristãos de que tais bens distinguiam-se do mundo ao seu redor por serem dotados de um estatuto religioso único, extraordinário, já que diretamente abertos à presença divina. Tais localidades eram encaradas como um polo sagrado, o lugar que irradiava um poder para classificar as existências de vivos e mortos – ou, como enfatiza a historiografia, esses locais se tornavam um espaço (especial) fora do espaço (da vida comum). Afinal, a distribuição das funções ocupadas por cada um no bojo da "Casa de Deus" ocorria nos lugares de culto. Era aí que se anunciavam e se vigiavam a distinção entre laicos e clérigos; a hierarquização entre homens e mulheres; a separação entre virgens, continentes – isto é, aqueles que, clérigos ou não, deveriam se abster das relações sexuais, mantendo-se castos, mesmo quando não eram mais virgens – e casados; a diferença entre devotos, penitentes e banidos. Era aí também que o "corpo místico de Cristo" ganhava contornos sociais. *Tratava-se de uma territorialização do sagrado: as práticas cristãs pressupunham enclaves, lugares-fonte de onde imanava, através da liturgia, o poder para mediar, ordenar, instituir e excluir.* As interações com o território sagrado modelavam as identidades sociais. O rei era o grande edificador, o principal responsável pela ampliação do patrimônio e das posses eclesiais, aquele que materializava o zelo espiritual e conferia crescente suporte material às funções clericais; tal papel era, ao menos em parte, o motivo pelo qual ele era considerado o chefe da Igreja. O papa, ele mesmo um construtor de igrejas, era mantenedor da inviolabilidade do patrimônio eclesiástico, com decisões que asseguravam imunidades, isenções e outros privilégios concedidos pelo monarca e pela aristocracia. E, por fim, o bispo, a figura que, atuando como poder público, transformava a igreja local no centro a partir do qual eram supervisionadas as práticas que concretizavam um senso de pertencimento à comunidade cristã: os fiéis compareciam para a comunhão ao menos três vezes ao ano? Os dízimos eram quitados por todos? Os casados recebiam a devida instrução quanto aos períodos de abstenção sexual? Ocorreu homicídio ou roubo entre os paroquianos? Senhor ou servos violaram a paz comum? Havia notícias de rituais pagãos? Ocorrendo no interior do espaço sagrado, tais inquirições ganhavam enorme peso sobre o cotidiano.

Os séculos IX e X foram palco de uma transformação continental na organização da vida cristã. Até então, a supervisão sobre os padrões de comportamentos era levada a cabo por um clero muitas vezes distante, instalado em uma "igreja mãe", assim nomeada por ser a instância onde se designavam os sacerdotes para capelas e paróquias. Todavia, tornou-se cada vez mais comum que o sacerdote da igreja local assumisse a responsabilidade de exercer toda a autoridade pastoral sobre os habitantes da região, retendo igualmente os dízimos e todos os bens eclesiásticos, que deixavam, desse modo, de ser reservados para a "igreja mãe". A Cristandade Latina passou a ser cenário da proliferação de igrejas locais autônomas, detentoras de uma base territorial que determinava o senso de pertencimento à comunidade cristã, processo no qual o monasticismo também ocupou lugar de destaque. Concebido como reduto para aqueles que almejavam fugir do mundo e viver no "deserto espiritual", o mosteiro despontava como um lugar diferenciado, considerado mais próximo do divino em razão da disciplina que vigorava entre suas paredes: sob autoridade de um abade, seus integrantes renunciavam à individualidade – uma fonte das tentações terrenas – para viver de modo comunitário, acordando juntos, comendo juntos, dormindo juntos. Seu cotidiano era governado por orações regulares – ao menos oito vezes ao dia –, por jejuns, pelo auxílio aos pobres, pela visitação aos doentes e pelo sepultamento dos mortos. Esse modo de vida quase angélico alcançava elevadíssimo prestígio entre a população local, sobretudo entre os aristocratas, que atuavam como patronos e benfeitores monásticos, estabelecendo casas religiosas e engrandecendo-as com terras, rendas e bens móveis. Estabelecia-se, assim, uma economia local da salvação: famílias aristocráticas doavam ao patrimônio religioso em troca da intercessão daqueles homens veneráveis pela salvação dos seus integrantes. Nessa contabilidade sacrossanta, os monges, por meio das longas preces, das liturgias elaboradas e das súplicas pela intercessão dos santos patronos, geravam um excedente de salvação no que tange aos pecados acumulados pelo "povo" cristão, algo que se perpetuava em salmodias, missas, penitências e no sepultamento dos pecadores no interior do mosteiro. *O prestígio espiritual movia um complexo conjunto de transações sociais: o estabelecimento religioso tornava-se foco da identidade e da memória das famílias senhoriais, das ansiedades e das devoções pessoais; por sua vez, os magnatas locais envolviam os mosteiros em suas estratégias de perpetuação à frente da dominação social.* Afinal, era relativamente comum que as dinastias buscassem angariar o apoio – ou mesmo o controle – de casas religiosas nas áreas onde sua autoridade enfrentava instabilidades. *A territorialização do sagrado cristão era, ao mesmo tempo, um produto e um produtor de laços mais estreitos entre as elites eclesiásticas e laicas.*

UMA PAZ FEUDAL:
A IGREJA E A ORDEM SOCIAL SENHORIAL

A Paz de Deus consistiu num conjunto de medidas protetoras de certas categorias de pessoas e de lugares perante ações consideradas nocivas. Em termos gerais, os locais protegidos eram as igrejas e seus arredores; as pessoas, os desarmados, como peregrinos, órfãos, mulheres, sacerdotes, camponeses. Os meios empregados para assegurar proteção consistiam em punições espirituais – como a excomunhão –, decretadas em assembleias convocadas por uma autoridade religiosa, ou seja, sínodos e concílios. Um exemplo pode ser encontrado nos cânones do Concílio de Charroux, reunido pelo bispo da localidade em 989. Na ocasião, o plenário eclesiástico estabeleceu três medidas. Em primeiro lugar, que quem houvesse tomado à força algo de uma igreja seria excomungado, caso não houvesse oferecido reparação. Em segundo, a excomunhão recairia sobre quem tivesse roubado de camponeses ou de qualquer pessoa pobre ovelha, boi, asno, vaca, cabra, bode ou porco, se o espoliado não tivesse comprovadamente cometido algum delito. Por fim, foi decretado que os bispos deveriam excomungar quem tivesse atacado, capturado ou agredido padre, diácono ou outro clérigo qualquer que, não portando armas – entenda-se escudo, espada, couraça, elmo –, se deslocasse por estrada ou estivesse em casa, exceto se uma inquirição demonstrasse que a vítima havia cometido um delito.

Durante muito tempo, o saber histórico encontrou em medidas assim as provas de que o Ocidente de finais do século X e início do século XI tornara-se palco de uma explosão de violências aristocráticas a tal ponto que lideranças eclesiásticas teriam sido forçadas pelas circunstâncias a atuar como poder público, estipulando punições espirituais contra quem se valia da força para violar a tranquilidade de quem não podia arcar com os custos de armar-se (como os camponeses) ou dos que estavam impedidos pela tradição canônica de fazê-lo (caso dos eclesiásticos). Vista por tal ângulo, uma assembleia como a de Charroux surge como o berço de medidas antifeudais; de iniciativas que buscavam conter a violência desenfreada dos poderosos estabelecendo limites práticos para a anarquia senhorial que teria se instalado no Ocidente com a implantação da dominação feudal. Tal interpretação, todavia, tem sido revista pela historiografia atual.

As medidas estipuladas em assembleias como a de 989 não se opunham ao poder senhorial – elas, antes, o garantiam. Se observarmos cuidadosamente, notaremos que tais medidas versavam sobre casos excepcionais da dominação feudal, implicando, por outro lado, que elas deixavam implícito uma imagem sobre o que deveria ser a normalidade da exploração aristocrática. A primeira medida, por exemplo, permite deduzir que um senhor poderia servir-se dos bens de uma igreja local – ele só não podia fazê-lo à força. Raciocínio semelhante vale para o segundo cânone: se um camponês fosse considerado culpado de delito, seus bens, como animais de tração ou um pequeno rebanho, poderiam ser tomados. A mesma razão prática dirige a terceira decisão: um clérigo culpado de um delito poderia ser agredido, capturado ou atacado, ainda que estivesse desarmado. Ao legislar sobre excessos, *as iniciativas da Paz de Deus consolidavam o alcance da dominação senhorial. Fortaleciam, tacitamente, a perpetuação do modo de vida aristocrático.* Medidas como a de que não se saqueasse camponeses ou mercadores, não se provocasse dano a cavalo, mula ou outro animal, não se incendiasse terras mesmo que aí se encontrasse um cavaleiro inimigo, não se destruísse vinhedos, moinhos e colheita, e que ninguém se unisse a um ladrão, inibiam ações que punham em risco a própria exploração agrária. Se, por um lado, é seguro afirmar que tais medidas visavam conter guerras predatórias protagonizadas por aristocratas laicos em diversos pontos da Cristandade, por outro, é preciso observar que por meio delas preservava-se uma cadeia de obtenção de rendimentos pelos próprios mandatários locais, o que incluía a Igreja. *Condenava-se os episódios excessivos de violência senhorial para preservar a estrutura global da exploração senhorial, laica e eclesiástica.* Isso pode ser constatado pelas medidas tomadas em outras assembleias, como Narbonne e Le Puy, em 990; Anse em 991; Limoges em 994; Poitiers em 1010; Verdun-sur-le-Doubs entre 1019 e 1021; Compiègne em 1023; Héry em 1024; Anse em 1025; Toulouges em 1027; Amien e Corbie em 1033; Laon e Cambrai em 1034-1035, Saint-Gilles e Albi em 1041; Narbonne em 1042 e 1054; Cane e Thérouanne em 1042 e novamente por volta de 1060; Reims em 1049; Lisieux em 1064; Soissons em 1092-1093. Na Aquitânia, onde esse conjunto de decisões foi implementado primeiro, a Paz de Deus estipulava que medidas drásticas deviam ser tomadas contra a desobediência das decisões promulgadas. Não só excomunhões eram estipuladas, como se decretavam multas e até mesmo castigos corporais a quem se apropriasse da propriedade alheia sem causa legítima ou se apoderasse de (apreendesse) um camponês sem que o mesmo fosse culpado de delito – ou seja, àqueles que se excediam no cumprimento da jurisdição senhorial. O asilo concedido a criminosos por igrejas deveria ser respeitado, exceto se se tratassem de violadores da própria Paz de Deus. Medidas a que os cristãos se obrigavam por juramento público, prestado cerimoniosamente diante de livros sagrados e relíquias dos santos.

Envolvendo adorações a relíquias, juramentos e outros ritos públicos, os concílios e sínodos de paz mobilizavam multidões, não apenas a elite, mas o conjunto do "povo cristão" local. Em 978, em Saint-Germain-Laprade, quando o bispo de Le Puy buscou assegurar a integridade de bens eclesiásticos, ordenou que todos, cavaleiros e camponeses de sua diocese, se reunissem para debater a promoção da paz. Na ocasião, a multidão resistiu à realização do juramento, o que forçou o bispo a recorrer aos homens armados de que dispunha sua linhagem para forçar o povo a restituir os bens "tomados da Igreja", incluindo terras e fortificações. No Concílio de Limoges, em 1031, quando foi anunciada a excomunhão dos cavaleiros que se negaram ou negassem a firmar a paz requerida pelo bispo, seguiu-se uma intensa comoção popular, com – conforme relata o registro histórico – o povo fremindo e exclamando: "que a alegria se apague para aqueles que se recusarem à paz e à justiça". Os concílios (assembleias) eram um palco onde se dava a formação de uma opinião popular a respeito da "correta ordem social", com outros grupos sociais sendo engajados na vigência de normas que asseguravam a dominação senhorial. Foi assim que o movimento de difusão da Paz de Deus se espalhou da Aquitânia para Borgonha, Catalunha, Languedoc, Normandia, Flandres e vale do Reno.

O sagrado cristão e a sociabilidade aristocrática

Participar das manifestações do sagrado, de sua vinculação a certos atos e compromissos, não era um atributo exclusivo do clero. Aristocratas e reis também se apresentavam como figuras envolvidas por um laço especial com os santos e o miraculoso cristão, como ilustra o trecho a seguir:

"Naquela época [em 1016], o Senhor se dignou a glorificar o período do sereníssimo duque Guilherme. Foi nesse momento que o ilustre abade Audoin descobriu na basílica de Angély, trancada num baú de pedra, em forma de pirâmide com torres, a cabeça de São João, que se diz ser a própria cabeça de João Batista. O duque Guilherme, que voltava de Roma após as festas da Páscoa, foi tomado por alegria com essa notícia e decidiu que o santo líder seria exposto ao povo. Essa cabeça estava encerrada num incensário de prata, no qual lemos estas palavras: 'Aqui repousa a cabeça do Precursor do Senhor'.

[...]

Assim, voltando ao nosso assunto, quando a cabeça de São João foi exposta após a sua descoberta, toda a Aquitânia, Gália, Itália e Espanha, agitadas com esta notícia, apressaram-se a correr para este lugar. Ali se reuniram Roberto, rei dos francos, o rei de Navarra, Sancho, e todos os dignitários da sua comitiva. Todos traziam presentes preciosos de todos os tipos: de fato, o citado rei dos francos ofereceu, para adornar a igreja, uma bacia de ouro fino pesando trinta libras, roupas preciosas inteiramente tecidas de seda e ouro; ele foi recebido com respeito pelo duque Guilherme e retornou à França por Poitiers. O que direi? O concurso de cantores que acompanhavam as relíquias dos santos, que vinham de toda parte, tanto monges como cônegos, salmodiando, para homenagear a memória do santo Precursor, parecia superar toda felicidade e toda glória."

(ADÉMAR DE CHABANNES. *Chronique*. Introd. e trad. Yves Chauvin e Georges Pons. Turnhout: Brepols, 2003, pp. 271-2; tradução minha).

A preocupação, comum às assembleias da Paz de Deus, em regular o curso dos conflitos protagonizados pela elite senhorial, assumiria, ao longo do século XI, a forma de um controle sobre um dos mais poderosos fatores da interação social: o tempo. Em diferentes ocasiões, o juramento exigido passava a estipular um período durante o qual os cristãos deveriam se abster do envolvimento em conflitos. Em Elne, no ano de 1027, por exemplo, além de assegurar proteção a monges e a clérigos que não portassem armas, a quem se dirigia a igrejas ou estava na companhia de mulheres, bem como a uma área de 30 passos ao redor dos santuários, a assembleia formada por bispos, clérigos e todo povo prescreveu que nenhum habitante do condado ou do bispado pudesse atacar um inimigo entre a nona hora do sábado (equivalente às 15 horas) e a primeira hora da segunda-feira (correspondente ao nascer do sol). Assim ocorreu a transformação da Paz de Deus em Trégua de Deus: da estipulação de um tempo indeterminado (dotado de uma extensão que se prolongava indefinidamente, por todo o porvir) para as interdições, passou-se a durações tangíveis e mensuráveis no dia a dia. Em outras localidades, essa transformação ainda seria ampliada: a Paz deveria ser observada desde a noite de quarta-feira até o nascer do sol da segunda-feira. De um modo ou de outro, a Trégua foi estendida para diferentes momentos do calendário: não se deveria recorrer às armas entre o primeiro domingo do Advento e o oitavo dia após a Epifania; desde o primeiro domingo da Quaresma até o oitavo dia após a Páscoa; da Ascensão ao oitavo dia do Pentecostes, nas festas de Maria, João Batista, apóstolos, Justo e Pastor, São Lourenço, São Miguel e em todas as vigílias e aos quatro tempos de setembro, sendo que punições foram estipuladas para quem transgredisse a Trégua.

Atualmente, os estudos históricos insistem que tais assembleias não buscavam pôr fim à violência, se esse nome significar coerção, punições corporais, emprego da força letal e mesmo a guerra. Na verdade, elas codificavam o direito senhorial de recorrer à força física e à coerção, estabelecendo quando aplicá-las em prol da dominação aristocrática com o respaldo de uma opinião popular, agente central nos juramentos de Paz e de Trégua de Deus. A Paz e a Trégua de Deus deixam transparecer a imagem de *uma Igreja imersa na reprodução de uma ordem pública senhorial, regida pela exploração aristocrática e que atuava para a estabilização tanto da guerra feudal quanto da exploração sobre a terra e as comunidades camponesas.*

E quanto à Cavalaria? É amplamente conhecida a tese de que a Paz e a Trégua de Deus exerceram um efeito único sob os cavaleiros, ao reuni-los como um corpo social engajado em um mesmo juramento, distinguindo-os do povo cristão e incutindo-lhes a moralidade estipulada pelo clero como código de conduta. Embora seja certo que as assembleias de Paz e de Trégua de Deus tornaram-se um ponto de pressão social sobre os cavaleiros, os estudos recentes insistem que a formação da Cavalaria é um processo que antecede a época desses concílios e, ainda mais importante, que transcorre na maior parte do tempo fora do raio de alcance da liderança clerical. Por exemplo, a virada do século IX para o século X é apontada como a época de uma transformação: em vez de matar implacavelmente ou escravizar os derrotados, os guerreiros se mostravam mais interessados em cobrar um resgate. Não se tratava de uma moralidade cristã ou influência clerical. Isso significa que os cavaleiros vitoriosos passaram a enxergar os derrotados como parte do mesmo grupo de elite, detentores do mesmo *status* social. O exemplo ilustra que a formação de uma ideologia cavaleiresca já estava em curso muito antes de a primeira assembleia da Paz de Deus ser convocada. Além disso, a influência de ideais religiosos sobre a guerra não era obra dos recentes movimentos de Paz e Trégua de Deus, mas uma realidade ancestral. Nos tempos carolíngios, procissões e preces suplicavam a proteção divina para o combate; padres acompanhavam o Exército, assegurando confissões e penitências aos homens que encaravam a morte. Por fim, cabe recordar que *a Cavalaria permaneceria sendo um círculo de guerreiros que valorizavam a violência: saques, incêndios, captura de não combatentes e estupros eram impostos às populações cristãs.* Essa fusão aparentemente contraditória de espírito, de corpo, de religiosidade e de práticas violentas nos lembra de que a Cavalaria tem uma história própria, que ultrapassa a história da Paz e da Trégua de Deus.

PEREGRINAÇÕES E CRUZADAS

Enquanto a Paz e a Trégua de Deus eram difundidas pelo Ocidente, outra prática social tornava-se igualmente mais comum, moldando a relação entre o clero e o "povo cristão": as peregrinações de longa distância. Uma das principais características de então consistiu na crescente busca por santuários distantes, como Jerusalém, considerada palco da vida e da ressurreição de Cristo; como Roma, local do sepultamento dos apóstolos Pedro e Paulo; e Santiago de Compostela, onde jazia o corpo do apóstolo Tiago. As jornadas à chamada Terra Santa, sobretudo, aumentaram expressivamente entre o século X e a primeira metade do XI. As razões para isso devem ser buscadas no próprio Ocidente e envolvem uma ampla gama de fatores. Em qualquer lista de causas a que se possa chegar, um destaque especial deve ser conferido à difusão de uma piedade especificamente laica. *Florescia a busca por práticas devocionais que pudessem ser cumpridas pelo fiel imerso no mundo, sem renunciar à posição social.* Enquanto os ritos pastorais – como o batismo, a Eucaristia, a confissão – ocorriam sob o controle do clero, a peregrinação decorria, geralmente, de uma decisão pessoal, era uma resposta a circunstâncias, via de regra, individuais. Havia casos em que a jornada a um lugar sagrado distante era uma forma de cumprir uma penitência imposta pelo clero, um exílio punitivo temporário em razão de um crime, como assassinato, por exemplo. Porém, pesquisas históricas demonstraram que a busca por redimir uma transgressão específica constituía o principal motivo somente de uma minoria dos casos. De modo geral, os peregrinos se consideravam movidos por devoção genuína. Oriundos de uma sociedade em que se acreditava que o espaço consagrado proporcionava contato direto com a Divina Providência e na qual os rituais públicos pela paz implicavam o dia a dia dos laicos em um pacto assumido com Deus e Seus santos, os viajantes encontravam na visitação aos centros religiosos o prolongamento da crença de que era possível estabelecer uma proximidade pessoal com o sagrado. As visitações a esses locais eram marcadas por uma associação direta com eventos do Novo Testamento. Ir a Jerusalém ou a Roma significava ingressar em episódios vividos pelos apóstolos e, acima de tudo, pelo próprio Cristo. O desejo pela imitação de Cristo e da vida apostólica movia as peregrinações, que, por sua vez, difundiram no Ocidente uma espiritualidade cada vez mais centrada na humanidade de Jesus, não em sua majestade; no amor a Deus, não no temor a Deus.

As viagens eram empreendidas por fiéis de todas as classes sociais, mas sobretudo da aristocracia. Afinal, as peregrinações eram empreendimentos custosos. Para financiá-las, era comum que se vendessem parcelas significativas do patrimônio familiar. A venda ou o arrendamento era realizado para o mosteiro local, junto ao qual a linhagem do peregrino atuava como patrono ou benfeitor. A peregrinação de um nobre acarretava, assim, efeitos sobre a elite senhorial pela transferência de riqueza, pelo estreitamento dos laços com as comunidades religiosas e pela mobilização das dinastias nobiliárquicas. Era comum que condes ou duques partissem para Jerusalém, Roma ou Santiago, acompanhados de irmãos, parentes e aliados – cada um deles, por sua vez, acompanhado por seu séquito –, colocando em marcha centenas de pessoas. O abade de Saint-Vanne, que morreria apedrejado em 1026 por rezar a missa em público sobre terras muçulmanas, peregrinou à frente de 700 pessoas, entre as quais os condes de Angouleme e de Besalú, o senhor de Déols, além de aquitanos, flamencos, picardos. Peregrinos que seriam atacados por beduínos no ano de 1064 formavam uma multidão estimada em 7 mil almas – há quem anote 12 mil –, e entre os que seguiam os passos dos bispos de Mainz, Bamberg, Utrecht e Ratisbona havia séquitos armados.

A viagem, oriunda do desejo pessoal, repercutia na sociedade como símbolo da unidade cristã. Os locais de devoção eram estritamente associados à proteção do povo cristão, sobretudo, contra muçulmanos. A rota para Jerusalém, embora tenha permanecido aberta aos latinos ao longo do século XI, acumulava, como vimos, episódios de ataques a caravanas. A violência – que também atingia peregrinos muçulmanos, afinal, Jerusalém também era uma cidade dotada de elevado significado espiritual para o islamismo – era resultado da instabilidade política na região. Vale lembrar que, entre as décadas de 1070 e 1090, o governo da cidade mudou de mãos ao menos três vezes: o subir e o descer dos regimes deixavam população e viajantes vulneráveis, expostos ao banditismo e aos ataques motivados pelas rivalidades políticas que trespassavam o Oriente Médio islâmico. O caminho para Santiago de Compostela era percorrido pelas elites da Ibéria e do sul da Gália como a via que levaria à intercessão celestial sobre as chamadas guerras da Reconquista, travadas contra os reinos islâmicos conhecidos como *taifas*. A partir da década de 1060, as mobilizações militares na *Hispania* ocorreram como ações sancionadas pelo apóstolo através do papa e capazes de assegurar a remissão dos pecados dos combatentes. Embora não estivesse localizada na fronteira da Cristandade,

Roma também era um palco onde peregrinação e guerra, penitência e combate mesclavam-se. Um dos principais exemplos ocorreu em 1087. Nesse ano, Al-Mahdiya, principal sede da dinastia islâmica conhecida como Ziríada, no norte África, foi saqueada por pisanos e genoveses. A campanha cristã contra a cidade foi envolvida por densa atmosfera devocional: muitos participantes, remanescentes da busca pelos altares romanos, lutaram como "Peregrinos de São Pedro". Foi uma guerra sancionada pela Santa Sé e santificada pela presença dos penitentes: nos registros ocidentais, Cristo surge como o verdadeiro líder e o campeão das hostes em luta; a rápida vitória é representada como concedida diretamente por Deus e os espólios, dádiva celestial.

Na segunda metade do século XI, viagens penitenciais tornaram-se esteio para a guerra. Embora grupos de peregrinos desarmados continuassem a atravessar meio mundo em busca unicamente da conversão pessoal, cada vez mais os conflitos territoriais – em especial, nas fronteiras da Cristandade – eram travados como peregrinações armadas. Foi em tal ambiente que se deu a convocação das Cruzadas. Quando o papa Urbano II (1042-1099) convocou a primeira cruzada em novembro de 1095, ele se dirigiu a combatentes que já possuíam vasto repertório de maneiras para sacralizar a guerra. Tendo encerrado o Concílio de Clermont, no interior da Gália, o papa se dirigiu para um descampado próximo, onde uma multidão se reunira antecipadamente. Dos confins de Jerusalém e da cidade de Constantinopla – teria dito –, "uma horrível notícia chegou aos ouvidos pontifícios, qual seja, que a raça do reino dos persas, raça amaldiçoada, completamente apartada de Deus, invadiu as terras dos cristãos e os massacrou com espada e fogo, escravizando incontáveis e profanando igrejas". O papa, então, passou a descrever as torturas sofridas pelos cristãos. Ao menos é assim que o discurso transcorre em uma das muitas versões existentes, aquela escrita por Roberto, "o monge" (1055-1122), possivelmente uma testemunha ocular do sermão. Há poucas coincidências entre as diversas versões. Em comum, apresentam uma retórica inflamada, destinada a informar e provocar uma reação atípica na audiência. Não só pelo efeito das descrições de homens sendo estripados e mulheres, violentadas. Urbano surge nos registros proferindo ideias de enorme impacto sobre a mentalidade da época. Abandonar parentes, esposa, filhos, tomar a espada e seguir para o Santo Sepulcro, dizia, era preceito evangélico, comando bíblico anunciado pelo próprio Salvador. Quem realizasse a viagem até Jerusalém, umbigo do mundo e terra de deleites, e a libertasse do jugo pagão, encontraria a remissão dos pecados e a imperecível glória celestial: era, por conseguinte, um guerreiro de Cristo. Nos sermões, a guerra contra os ímpios pagãos torna-se um acontecimento penitencial único, que não exigia renunciar ao derramamento de sangue. Era uma jornada desejada por Deus, na qual não haveria lugar para velhos, fracos ou inadequados para o porte de armas; tampouco para mulheres que partissem sem os maridos, irmãos ou guardiões legais. Era uma santa peregrinação, para a qual se exigia apenas que se obedecesse à Trégua de Deus; bem como que se zelasse pelas igrejas; não se tolerassem ladrões, incendiários e simoníacos; e da qual se poderia tomar parte, proferindo um voto específico para Deus e oferecendo-se a Ele como um sacrifício vivo, o que seria declarado ao mundo através de um sinal: uma cruz de tecido costurada sobre o peito ou sobre o ombro.

O lugar da África na convocação da Primeira Cruzada

Segue um fragmento do discurso atribuído ao papa Urbano II pelo monge Guibert de Nogent (1055-1125), que menciona a África como parte do mundo cristão e diretamente implicada nas razões pelas quais aquela cruzada era convocada. Esse registro denota que a Igreja latina medieval considerava a cruzada um evento global, que não se limitava a uma relação entre o Ocidente e o Oriente Médio. Teria dito o pontífice:

"Além disso, deveis considerar com a mais elevada ponderação se, por vossos labores, Deus operando através de vós, deveria acontecer que a Mãe das igrejas devesse florescer outra vez para a adoração da Cristandade, se, por acaso, Ele não pode desejar que outras regiões do Leste sejam restauradas para a fé contra o tempo próximo do Anticristo. Pois está claro que o Anticristo batalhará não com os judeus, não com os gentios; mas, segundo a etimologia de seu nome, ele atacará os cristãos. E se o Anticristo não encontrar cristãos lá (assim como no presente quando poucos escassamente habitam lá), ninguém haverá para se opor a ele ou quem ele possa corretamente subjugar. De acordo com Daniel e Jerônimo, o intérprete de Daniel, ele fixará suas tendas no Monte das Oliveiras; e, é certo, pois o apóstolo o ensina, que ele se sentará em Jerusalém no templo do Senhor como se fosse Deus.

E de acordo com o mesmo profeta, ele primeiro matará três reis, do Egito, África e Etiópia, sem dúvida por sua fé cristã. Isso, na verdade, não poderia ser feito a menos que a Cristandade fosse estabelecida onde agora está o paganismo. Se, portanto, sois zelosos na prática das batalhas santas, de modo que, tal como vós recebestes a semente do conhecimento de Deus de Jerusalém, vós possais da mesma maneira restaurar a graça concedida, para que através de vós o nome católico possa avançar para se opor à perfídia do Anticristo e dos anticristãos – então, quem não pode conjecturar que Deus, que excedeu as esperanças de todos, consumirá, na abundância de vossa coragem e através de vós como faísca, tal matagal de paganismo para incluir em Sua lei Egito, África e Etiópia, que foram removidos da comunhão de nossa crença?"

(GUIBERT DE NOGENT. Gesta Dei per francos. In: PETERS, Edward. *The First Crusade*: the Chronicle of Fulcher of Chartres and Other Source Materials. Philadelphia: University of Pennsylvania Press, 1971, pp. 12-3; tradução minha).

Não se podem, contudo, reduzir as cruzadas a uma transformação das peregrinações. Outras causas concorreram para a mobilização das multidões armadas. Em primeiro lugar, é preciso mencionar o elo com as assembleias da Paz e da Trégua de Deus. Como vimos, tais concílios regulamentavam e difundiam o uso da força senhorial no interior da sociedade latina, envolvendo a conduta de guerreiros cristãos em densa atmosfera religiosa por meio de juramentos sagrados, da exposição pública de relíquias e da retórica eclesiástica. O elo causal entre aquelas assembleias e as cruzadas ficaria estampado na determinação lavrada por Urbano II de que todo aquele que partisse para Jerusalém observasse, antes, a Trégua de Deus. Em segundo lugar, é igualmente importante notar que as cruzadas foram conclamadas por um papado em ascensão, que buscava dirigir um ideal de guerra santa muito antes de 1096. Em 1074, por exemplo, em uma carta a Guilherme I (1020-1087) da Borgonha, o papa Gregório VII exortou o conde para que desse prova de fidelidade ao apóstolo Pedro: que se apresentasse com seu Exército em Roma, para tomar parte da expedição que ele, o papa, lideraria pessoalmente até Constantinopla, para auxiliar os cristãos contra a devastação sarracena. Pouco depois, o pontífice se dirigiu a todos os fiéis através de outra carta, na qual tomava para si a urgência em defender a fé: ele dizia que realizava as preparações necessárias para partir em ajuda do império. Em outra carta, Gregório VII dizia que buscava mobilizar os cristãos e que 50 mil homens estavam se preparando para pegar em armas contra os chamados "inimigos de Deus". Portanto, há algumas décadas, *a guerra santa – não meramente a "guerra justa" – era parte da agenda política de um papado que se dirigia ao conjunto da Cristandade como sua efetiva jurisdição.* Por fim, mas não menos importante, cabe lembrar que as cruzadas surgiram em resposta a um chamado oriental. Buscando no Ocidente um exército mercenário que revertesse a conquista da Anatólia pelos seljúcidas, o Império Bizantino tornou-se o foco de uma série de estímulos estratégicos: o imperador correspondia-se com círculos da elite senhorial do Ocidente, suas cartas apresentavam a crescente necessidade de apoio à Constantinopla por meio de apelos pela libertação de Jerusalém; ele buscou também mobilizar a Cavalaria latina através dos ideais de piedade e devoção, estimulando a demanda ocidental por relíquias da Paixão, especialmente por fragmentos da Santa Cruz. O imperador enriqueceu grande número de capelas no Ocidente, sobretudo ao norte do Alpes, enviando objetos sagrados despachados de regiões longínquas. Essa diplomacia das relíquias envolvia uma série de figuras proeminentes em uma linguagem de solidariedade e obrigação religiosa para com os destinos do Império. A busca por Jerusalém resultava, em ampla medida, da insistência com que o imperador puxara os gatilhos emocionais dos cristãos ocidentais. Em outras palavras, a corte bizantina cultivava laços diversos com as elites senhoriais, impulsionando-as – por intermédio de contatos políticos, mas igualmente por símbolos, objetos sagrados e enlaces espirituais – para uma crescente identificação com Constantinopla e suas antigas possessões – incluindo, claro, Jerusalém – como parte da realidade vivida no próprio mundo latino.

A novidade anunciada por Urbano II – que era possível servir diretamente a Cristo e restaurar a religião em Jerusalém sem renunciar às armas e ao derramamento de sangue – foi difundida por uma vasta teia de vozes eclesiásticas e mobilizações senhoriais. A começar pelo próprio papa, que realizou não um, mas diversos chamados às armas entre 1095 e 1099. Porém, embora ficasse estabelecido que a convocação da cruzada era uma prerrogativa da Igreja, que detinha o poder para determinar causa, motivação e objetivo, conferindo uma identidade singular aos guerreiros, a participação era regida pelas relações existentes no interior da aristocracia latina e o decorrer das campanhas era determinado pela geopolítica do Oriente Médio. Noutras palavras, a Igreja não controlava o curso das ações. A cruzada tornava-se palco para a realização de diversos propósitos. Isso ocorreu em 1096, quando pregadores itinerantes anunciaram a viagem em regiões da Gália e no vale do Reno. Com efeito, diz um cronista, em resposta ao chamado, a princípio se ergueram bispos, abades, clérigos, monges; em seguida, príncipes de diversas localidades e grupos de cavaleiros e camponeses, que se mostrariam incontroláveis. Tais grupos partiram para Constantinopla nos primeiros meses de 1096, dando origem àquela que ficaria conhecida entre historiadores como "Cruzada Germânica". Massacres seguiram seu avanço. Imbuídos de forte expectativa escatológica e da certeza de serem instrumento do juízo divino contra os inimigos da Cristandade, os grupos lançaram-se contra as populações judaicas, criando um rastro de terror: em 3 de maio, os judeus são atacados em Spire; no dia 18, mortes foram registradas em Worms; no dia 23, ocorrem batismos forçados em Ratisbona; em 25 e 30, massacres em Mainz e em Praga; no dia 1º de junho, as comunidades de Colônia e Trier tornaram-se alvo. Há episódios registrados em Rouen, Metz, Neuss, Mehr. Ainda que em certas cidades comunidades judaicas tenham encontrado alguma proteção junto ao bispo, milhares de judeus foram mortos.

A fundação dos cavaleiros templários

"Como tantos aspectos dos cavaleiros templários, muitos dos detalhes que cercam sua fundação estão envoltos em mistério. Sabemos que [a Ordem Templária] foi fundada por Hugo de Payens, que se tornou o primeiro Grão-Mestre da Ordem. Hugo de Payens pode ter vindo de uma aldeia com esse nome, em Champagne, e seu suserano, o conde de Champagne, pode ter desempenhado um papel importante no curso subsequente da Ordem, já que era íntimo de São Bernardo de Claraval, o patrono dos templários. Os membros originais da Ordem eram cavaleiros que faziam votos monásticos de pobreza, castidade e obediência. De acordo com um cronista do século XIII, Mateus Paris, isso era para obter a remissão dos seus pecados. Eles eram conhecidos coletivamente como 'irmãos' e quando não estavam na sela, viviam uma vida enclausurada dedicada à adoração a Deus.

[...]

Embora o objetivo original da Ordem fosse proteger os peregrinos, esta era um corpo de cavaleiros treinados em armas e na guerra, e possuindo uma grande energia agressiva. Se isso fosse aproveitado na luta por Deus e pela ocupação cristã da Terra Santa, eles acreditavam que obteriam a absolvição dos seus pecados através da aplicação prática da vida que conheciam melhor – o combate – e fariam a toda a Cristandade um serviço inestimável.

Logo ficou claro que um punhado de cavaleiros não conseguiria conter o fluxo dos inimigos de Cristo para a Terra Santa. Homens, dinheiro e recursos eram necessários. Para adquiri-los, os poderes ocidentais tiveram de ser persuadidos a reconhecer a Ordem e a patrociná-la, concedendo-lhe recursos. Em 1127, Hugo e cinco companheiros partiram do Oriente para o Concílio de Troyes, na França, para defender a Ordem e estabelecê-la firmemente nas mentes ocidentais, promovendo a ideia de que um homem dedicado por seus votos ao serviço de Deus poderia derramar sangue – desde que não fosse sangue cristão."

(LORD, Evelyn. *The Templar's Curse*. London/New York: Routledge, 2014, pp. 4-5; tradução minha).

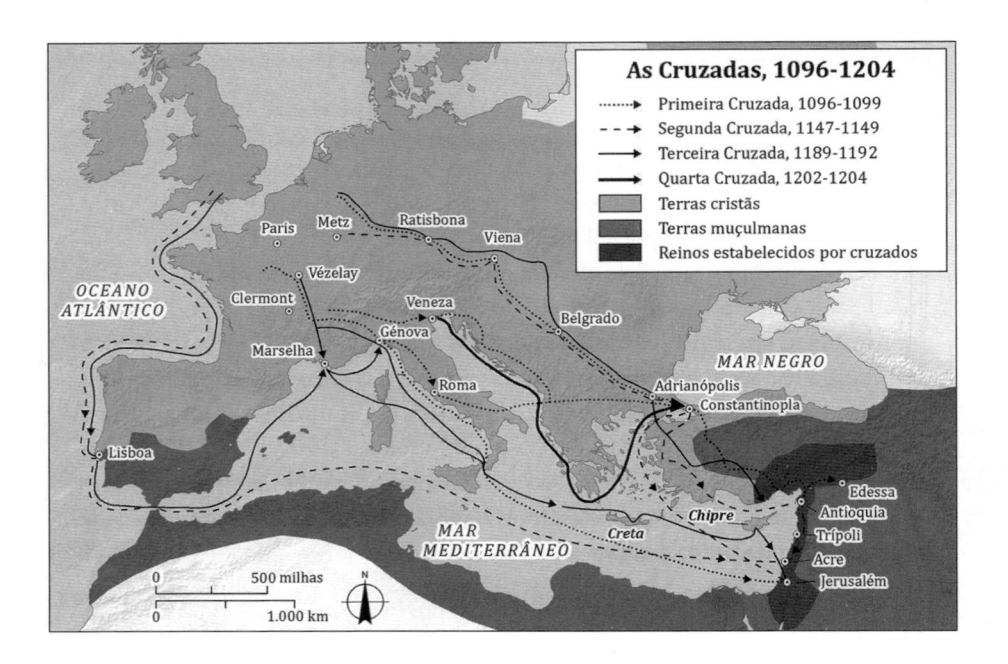

As Cruzadas, 1096-1204

- ·······► Primeira Cruzada, 1096-1099
- – – ► Segunda Cruzada, 1147-1149
- ——► Terceira Cruzada, 1189-1192
- ——► Quarta Cruzada, 1202-1204
- Terras cristãs
- Terras muçulmanas
- Reinos estabelecidos por cruzados

A Primeira Cruzada, que partiu de Constantinopla como exército imperial enviado para restaurar o domínio bizantino na Anatólia, tornou-se um exército independente após a tomada da cidade de Antioquia em junho de 1098. Pelos próximos seis meses, os cristãos permaneceriam na localidade consolidando seu predomínio sobre a região. Durante esse tempo, os cruzados se empenharam pela decisão crucial: prosseguir para Jerusalém sem a direção bizantina, o que assinalou o momento em que a cruzada se converteu em agente político-militar singular, capaz de competir com muçulmanos e mesmo bizantinos pelas conquistas territoriais no Oriente Médio. Durante a Segunda Cruzada, entre 1147 e 1149, a força da política local redirecionou os exércitos latinos para Damasco – originalmente, os cruzados haviam sido convocados em razão da queda da cidade de Edessa para forças muçulmanas. A campanha falhou. Durante a Terceira Cruzada (1189-1192), o rei Ricardo I (1157-1199) da Inglaterra se envolveu em conflitos contra cristãos no sul na península itálica e, em seguida, liderou a conquista da ilha de Chipre. A marcha para a Terra Santa seria marcada pela rivalidade entre Ricardo e o rei da França, Felipe Augusto (1165-1223). Logo se vê que *as cruzadas eram acontecimentos diversos, para os quais confluíam os vínculos, os objetivos e as competições que marcavam o exercício do poder senhorial e monárquico – e as elites urbanas.*

Cabe ainda mencionar a chamada Quarta Cruzada, ocorrida entre 1202 e 1204. As tropas convocadas pelo papa Inocêncio III para libertar Jerusalém entraram a serviço da cidade de Veneza e foram redirecionadas para a tomada da ilha de Zara e, em seguida, para saquear Constantinopla. Entre 1095 e 1270, foram realizadas oito grandes expedições mirando a libertação ou a defesa de Jerusalém, e cada uma delas ganhou vida como empreendimento monárquico e nobiliárquico dotado de uma lógica própria, que frequentemente escapava aos planos da Igreja: talvez o caso mais emblemático tenha sido o do imperador Frederico II (1194-1250), que, no final dos anos de 1220, foi coroado rei de Jerusalém e assegurou o acesso cristão à cidade, mesmo se encontrando excomungado pelo papa. Na península ibérica, guerreiros oriundos das Ilhas Britânicas, da França e da Itália recebiam a benção papal, tornando-se representantes da cruzada, mas sua chegada ocorria em uma região que havia desenvolvido um ideal próprio a respeito da guerra contra os muçulmanos. Não devemos deduzir desses casos que a Igreja fora sobrepujada na condução das cruzadas. O século XIII provaria o contrário. Afinal, foi então que o papado empregou seu poder inigualável de assegurar privilégios espirituais a combatentes para conduzir a guerra contra diversos adversários: em 1147, o papado autorizou os cristãos do norte da Europa a lançar a guerra contra tribos eslavas que habitavam amplos territórios compreendidos, em sua maioria, entre o norte das atuais Alemanha e Polônia; em 1208, a cruzada foi dirigida para o interior da Cristandade, contra hereges conhecidos como "cátaros" ou albigenses; em 1232, Gregório IX (1145-1241) convocou uma cruzada contra os Stedinger, camponeses das regiões da Saxônia e da Frísia, à época em conflito com o arcebispo de Bremen; em 1244, foi a vez do recém-eleito papa Inocêncio IV (1195-1254) convocar um exército contra Frederico II. Desde a sua convocação e por toda a sua história, as cruzadas foram ocorrências complexas, política e ideologicamente heterogêneas: se, por um lado, a Santa Sé deteve o poder para decretar o *casus belli*, o caso para dar início à guerra, definindo quando, onde e por que lutar, por outro, os aristocratas que atendiam ao chamado não eram meros instrumentos seculares da Igreja, pois imprimiam agendas próprias ao curso dos eventos.

Sugestões de leitura

FRANKOPAN, Peter. *A Primeira Cruzada*: um chamado para o Oriente. São Paulo: Crítica, 2022.

HOWE, John. *Before the Gregorian Reform*: the Latin Church at the Turn of the First Millenium. Ithaca: Cornell University Press, 2016.

KOZIOL, Goffrey. *The Peace of God*. Kalamazoo/Bradford: Arc Humanities Press, 2018.

PHELAN, Owen M. *The Formation of Christian Europe*: the Carolingians, Baptism, & the Imperium Christianum. Oxford: Oxford University Press, 2014.

TYERMANN, Christopher. *The World of the Crusades*: an illustrated guide. New Haven/London: Yale University Press, 2019.

WICKHAM, Chris. *O legado de Roma*: iluminando a idade das trevas, 400-1000. Campinas: Editora da Unicamp; São Paulo: Imprensa Oficial do Estado de São Paulo, 2019.

A Igreja e as formas de perseguição: dissidência e repressão

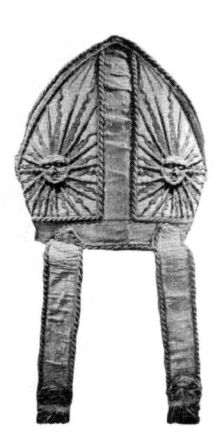

A virada para o século XI assinala a época de uma difusão da espiritualidade laica. A busca por participar da salvação sem renunciar à vida secular alcançou os enclaves da dominação senhorial, impulsionando o patronato dos senhores de terra sobre mosteiros e igrejas locais, as mobilizações pela Paz de Deus e a multiplicação das peregrinações e dos recrutamentos para a Guerra Santa. Essa difusão, no entanto, não deve ser encarada como consequência de um consenso subserviente ao alto clero medieval. *Quanto mais o zelo e as práticas devocionais penetravam no âmbito local, alcançando os extratos sociais – desde os grandes senhores até os camponeses –, mais a religiosidade era marcada por divergências, críticas e mesmo descrença.* Um efeito tangível dessa atmosfera pode ser encontrado nas histórias monásticas e nos relatos sobre o culto aos santos. Não é incomum encontrarmos em tais narrativas personagens que duvidam do poder de um santo ou que negligenciam as prescrições atribuídas a um morto, casos que, ao fim do texto, tornam-se alvo da justiça divina, conduzida, geralmente, por meio de milagres punitivos, como castigos, açoites, doenças ou mortes. Sabemos que tais narrativas replicavam modelos retóricos ancestrais, sendo os episódios em questão histórias imaginadas, projeções criadas pela mente religiosa não para retratar experiências individuais, mas para reforçar modelos de autoridade e disciplina eclesiásticas, ameaçadas por alguma força social. Mas, ainda que imaginados, os comportamentos atribuídos aos personagens eram considerados plausíveis pelo redator e sua audiência, de modo que esses relatos de ceticismo possuíam um ponto de contato com o cotidiano das comunidades cristãs.

No bojo da sociedade feudal, o sagrado estava em constante disputa, sendo dúvida e descrença efeitos das tensões entre os grupos estabelecidos. Talvez o caso mais notório seja aquele atribuído à Primeira Cruzada. Em junho de 1098, quando o exército cristão se encontrava encurralado na cidade de Antioquia, surgiu a notícia de que um monge recebia visões do apóstolo André, informando onde encontrar um objeto único: a lança que trespassara o flanco de Cristo na cruz. A relíquia foi localizada na igreja de São Pedro, porém, uma parcela dos líderes cruzados, incluindo o legado papal, duvidou da autenticidade da peça e não a reconheceu como santa, apesar do fervor despertado junto às tropas.

Uma das características mais marcantes da história europeia do ano mil em diante consiste no *reaparecimento da heresia como fenômeno popular*. Não que, antes disso, não houvesse casos considerados heréticos. Mas, até então, a atribuição da reputação de dissidente da doutrina católica envolvia, sobretudo, personagens do alto clero. Tratava-se de fenômenos socialmente circunscritos, que, por assim dizer, não alcançavam o "povo cristão". Agora, após o ano mil, *a heresia surgia não de escritos polêmicos a respeito da relação entre Cristo e Deus Pai ou mesmo da natureza da Eucaristia, mas de crenças professadas por comunidades, muitas delas formadas pela população camponesa.* Que essas comunidades tomassem forma a partir da atuação de pregadores itinerantes – de personagens oriundos do clero, muitos deles ex-monges que, dotados de uma liderança carismática, provocavam enorme impacto por onde passavam – não altera o fato de que a heresia havia ultrapassado o limite do mundo letrado e que as denúncias contra o clero católico, agora, ganhavam o cotidiano de cidades e até mesmo de aldeamentos. É difícil dizer quais eram, exatamente, essas denúncias, pois os grupos acusados de heresia não deixaram registros escritos próprios, permanecendo inteiramente à mercê de descrições realizadas por seus adversários, o alto clero católico. Este, por sua vez, recorreu à retórica da Antiguidade, sobretudo aos tratados anti-heréticos deixados por Agostinho de Hipona (354-430), para formular as descrições abrangentes das crenças imputadas às comunidades. Portanto, grande parte do que as heresias foram está eclipsada por esse modelo conhecido e repleto de autoridade. Não se pode negligenciar este fato: *as heresias foram, em larga medida, inventadas pelas elites eclesiásticas, que, por meio do controle da cultura escrita, arrolavam as ideias e as práticas pelas quais aquelas comunidades seriam condenadas à época e pela posteridade.* As autoridades eclesiásticas considera-vam a realidade dos movimentos dissidentes como contida em certos textos, entre eles, a Bíblia e de autores da Patrística. Com base nessas referências, chegavam a descrições semelhantes, que se repetem na documentação: o he-resiarca era apresentado como figura ardilosa, dotada de uma natureza vulpi-na; os seguidores, caracterizados por uma índole subserviente; e apontava-se, quase sempre de maneira pejorativa, a presença de mulheres. Um *topos* – um lugar-comum retórico – que emergiu no século XI foi o dos heréticos como iletrados, que protagonizariam um agudo contraste com a Igreja, tida, nessa perspectiva, como uma comunidade de instruídos. Tal caracterização emba-sava a imagem dos seguidores como um rebanho rústico, que vivia à sombra do paganismo e era facilmente seduzido por homens astutos, cuja liderança, muitas vezes letrada, ganhava ares de uma manipulação diabólica. Esse con-traste entre comunidades iletradas e letradas foi um grande instrumento pelo qual os clérigos afirmavam sua solidariedade interna como grupo dirigente, detentor das prerrogativas inerentes aos privilégios sociais acarretados pela cultura escrita em um mundo majoritariamente rural.

O perfil cultural das heresias no século XI

"Os acusados de espalhar a heresia no início do século XI tinham uma coisa, e apenas uma coisa, em comum: eles afirmavam viver a vida apostólica. Nisso eles estavam longe de estar sozinhos. Em toda parte, o mesmo impulso levou à fundação de muitos novos mosteiros e à reforma de muitos antigos. A sensação de que a Igreja estava a falhar na sua missão para com o mundo foi amplamente sentida e frequentemente expressada por referência aos ensina-mentos do Novo Testamento. Os seus críticos apelavam, em geral, para o ideal da vida apostólica, e muitas vezes eles próprios aspiravam a viver de acordo com os seus preceitos tal como os entendiam, renunciando aos seus bens, vi-vendo em comunidade e renunciando aos prazeres da carne. [...]

▶

Esta concepção da vida apostólica passou de várias formas, desde a pequena minoria alfabetizada até a população trabalhadora, com a ajuda do crescimento do comércio e da melhoria das comunicações, tanto localmente como de longas distâncias. [...]

Considerações 'espirituais' e 'materiais' não eram causas antitéticas ou mutuamente exclusivas de dissidência religiosa. Uma das opiniões mais frequentemente expressadas pelos acusados de heresia, por exemplo, numa época de ambiciosa e esplêndida construção de igrejas – nomeadamente na Aquitânia – foi que a Igreja não tinha necessidade de estruturas materiais. Quem pode dizer se tais sentimentos surgiram da sensação de que a grandeza, o custo, o aumento da distância social entre o clero e o povo, associados a esses grandes edifícios, contradiziam os valores simples dos evangelhos; ou porque aqueles que foram feridos ou ofendidos por estes desenvolvimentos encontraram endosso para sua queixa no Novo Testamento? Fontes muito mais volumosas e autorizadas do que as que possuímos não forneceriam a janela para a alma das pessoas para tornar essa distinção visível – ou seja, distinguir a galinha do ovo. A única avaliação racional apoiada pelas fontes é a de que, na primeira metade do século XI, a heresia entre as pessoas comuns [em termos de ideias] não apresentava qualquer desafio coerente ou concertado, quer à autoridade da Igreja, quer à estrutura da sociedade."

(MOORE, Robert I. *The War on Heresy*. Cambridge: The Belknap Press of Harvard University Press, 2012, pp. 67-8; tradução minha).

Posto isso, é necessário reconhecer que as heresias não eram meras projeções discursivas, fabricações retóricas. Como vimos, a busca por uma religiosidade renovada, calcada na correção dos comportamentos coletivos – Paz e Trégua de Deus – e em leituras singulares da imitação de Cristo e da vida apostólica – tal era o caso das peregrinações e das reformas monásticas – era uma realidade social desde o século X. Entre as décadas de 1000 e 1050, grupos de homens e mulheres engajados em condutas que divergiam das normas eclesiásticas foram formados na Gália, em Flandres, na Aquitânia, na Itália, na Lotaríngia. Sob o antigo rótulo de "maniqueus", eles surgem mobilizando a população e difundindo "erros", segundo as autoridades eclesiásticas. Em 1018, anotou o monge Ademar de Chabannes (988-1034): "maniqueus apareceram na Aquitânia, seduzindo o povo. Negavam o batismo, a cruz e toda sã doutrina. Abstendo-se de alimento, como se parecessem monges, eles simulavam castidade, mas praticavam toda luxúria entre si." É muito pouco provável que se tratasse, de fato, de maniqueus. Esse era um nome retomado da Antiguidade e suficientemente claro para uma audiência eclesiástica, de modo que ele foi certamente empregado para conferir maior gravidade ao relato. Historiadores insistem que, entrelaçado à construção retórica de um dualismo, trata-se, aqui, de um registro a respeito de um conjunto de entusiastas por um modo de vida evangélico, muito provavelmente, influenciados pelo movimento da Paz de Deus. Ao descrever a heresia em que haviam incorrido dez cônegos da Sé de Orléans, o mesmo Ademar esclareceu: "eles foram enganados por certo camponês que se dizia capaz de praticar virtudes." Em 1025, um grupo de homens foi condenado em Arras por viver na diocese sob aparência de religião, o que tornava mais fácil sua atuação para "converter o povo simples". Três anos depois, ao ouvir a notícia de que um grupo professava uma vida de erros no castelo de Monforte, na península itálica, o arcebispo do lugar ordenou que fosse trazido para julgamento, em razão do risco de "converter o povo da Itália" e de, "como se fossem bons padres, espalhar, todos os dias, falsos ensinamentos distorcidos das Divinas Escrituras, especialmente para camponeses." Embaralhados entre projeções, lá estavam os registros de que, em termos práticos, *a heresia continha desafios reais à hierarquia eclesiástica, modelando identidades comunitárias e subtraindo grupos ao raio de alcance da autoridade clerical*. Mesmo que se defenda que, quanto ao teor propriamente dito das crenças, os grupos considerados heréticos não desafiavam a hierarquia eclesiástica – que as ideias terríveis imputadas a esses grupos eram rótulos fabricados pelas instituições de uma "sociedade repressora" –, é preciso reconhecer que, com seu despojamento em nome da fé, suas mobilizações de alcance popular, suas pregações públicas, sua subtração aos pagamentos de dízimos e demais rendas eclesiásticas, esses grupos estabeleciam um antagonismo palpável com o clero católico.

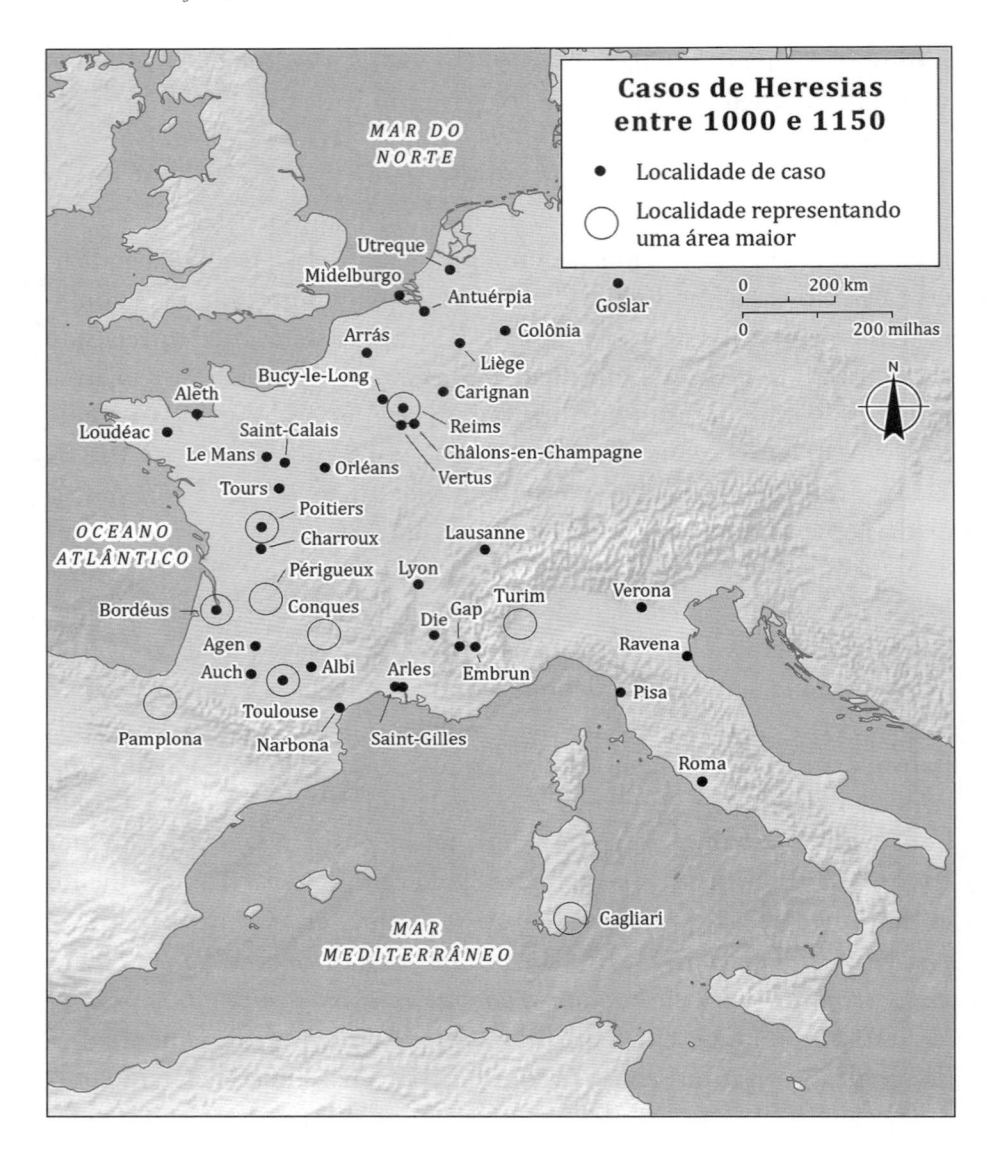

Casos de Heresias entre 1000 e 1150

- Localidade de caso
- ○ Localidade representando uma área maior

MAR DO NORTE

OCEANO ATLÂNTICO

MAR MEDITERRÂNEO

Utreque · Midelburgo · Antuérpia · Goslar · Colônia · Arrás · Liège · Bucy-le-Long · Carignan · Alèth · Saint-Calais · Reims · Loudéac · Le Mans · Châlons-en-Champagne · Orléans · Vertus · Tours · Poitiers · Charroux · Lausanne · Périgueux · Lyon · Bordéus · Conques · Turim · Verona · Die · Gap · Agen · Ravena · Auch · Albi · Arles · Embrun · Pisa · Toulouse · Pamplona · Narbona · Saint-Gilles · Roma · Cagliari

0   200 km
0   200 milhas

N

Acusações de heresia tornaram-se mais escassas na segunda metade do século XI. Contudo, multiplicaram-se a partir de 1110. Desde então, as elites eclesiásticas foram confrontadas com ondas de entusiasmo popular provocadas por pregadores itinerantes, em especial nas cidades. Sua retórica inflamada oferecia respostas para as incertezas e as tensões que marcavam a vida urbana. Às multidões que gangorreavam entre o mundo do trabalho e o domínio da pobreza, eles asseguravam que o casamento não devia envolver riqueza, condenavam o dote e desautorizavam o controle clerical sobre o enlace: para estar casado, bastava o consenso entre homem e mulher. Perante a desigualdade crescente entre o rebanho e o pastor (cujo estilo de vida sacerdotal envolvia vestes luxuosas, joias, adornos e um constante contato com o dinheiro), os pregadores asseguravam que tais prelados não eram capazes de ministrar a Eucaristia: o vinho e o pão transformam-se no sangue e no corpo de Cristo somente pelas mãos de sacerdotes idôneos e humildes. Na realidade, *uma das características da propagação herética no século XII é que críticas a respeito da disciplina comportamental dos eclesiásticos rapidamente cederam lugar a discursos anticlericais: à negação da condição clerical.* À medida que as décadas passaram, multidões foram arregimentadas pelas ideias de que os clérigos não possuíam o poder para atar e desatar espiritualmente; de que não era preciso um prelado para cumprir penitência ou se confessar; de que bispos e sacerdotes não deveriam manter patrimônio e reter dinheiro; de que padres não eram capazes de interceder pelos mortos; de que o batismo de crianças não possuía respaldo bíblico. O papel do clero como intermediário entre o povo cristão e a salvação era, assim, largamente desautorizado. E, apesar das medidas punitivas decretadas em concílios, como o de Pisa (1135), e do enfrentamento travado por lideranças, como o abade Bernardo de Claraval (1090-1153), as décadas seguintes se tornaram palco da rápida difusão de religiosidades dissidentes. Dessa vez, contudo, já não era possível identificar um líder, pois não se tratava de multidões arrastadas por um pregador de retórica inflamada, mas de segmentos inteiros da população caracterizados por crenças desafiadoras. Tal foi o caso, por exemplo, dos chamados "publicanos". Tratava-se de uma heresia – negavam quase todos os sacramentos, a imagem da cruz viva, a construção de igrejas, a eficácia espiritual do dízimo e de oblações, a coabitação entre marido e esposa – a respeito da qual há registros de incidência em Flandres, Inglaterra, *Germania*, Itália e Gália. O caso mais conhecido, no entanto, consiste no chamado "catarismo".

"Os cátaros" constituem um dos temas mais amplamente debatidos por estudiosos da Idade Média. Nas décadas de 2000 e 2010, uma série de publicações tem reescrito muitas das ideias mais conhecidas a respeito dessa heresia. Entretanto, antes de passar às revisões e a recentes conclusões, cabe recordar o desenho geral da narrativa-mestra, aquela que se tornou dominante desde o século XIX – sobretudo, porque se trata de uma perspectiva de grande difusão, não somente na historiografia, mas também na literatura, nas artes e até mesmo no imaginário popular.

Segundo a perspectiva tradicional, os primeiros registros sobre grupos que seriam conhecidos como cátaros ocorrem na primeira metade dos anos 1140 e se referem à cidade de Colônia. Embora os registros não atribuam uma liderança à comunidade de crentes, sua existência decorria da atuação de missionários orientais, que, originários do Império Bizantino, teriam atuado no vale do Reno, norte da Itália e em partes do que é hoje a França. O catarismo – prossegue a narrativa-mestra – derivava da combinação de busca por uma piedade laica com elementos de um dualismo cósmico. Seus adeptos surgem como os arautos de uma profunda rejeição de tudo o que implicasse contato com a materialidade, tida como o reino das influências infernais, em oposição ao domínio espiritual, o reino da redenção celestial. Os cátaros teriam compreendido três grupos: auditores, crentes e perfeitos, sendo tal sequência a ordem do progresso espiritual que poderia ser alcançado. Afirmando descender diretamente do tempo dos mártires, os cátaros rejeitavam o Velho Testamento, o batismo pela água – que deveria ser substituído pela imposição das mãos –, assim como recusavam o casamento e o juramento. Conhecidos como "homens bons", negavam que Cristo houvesse tido uma existência humana: Ele somente aparentou humanidade, mas não encarnou, pois isso significaria que Deus teria tomado parte da malignidade que assola, intrinsecamente, a vida terrena. Movidos pela rejeição a tudo o que implicasse o contato com o corpo, eles não consumiam leite, carne ou qualquer alimento que resultasse da cópula. Sob esse prisma, o catarismo era dotado de uma doutrina própria e de largo alcance social, de tal modo que teria dado forma a uma Igreja concorrente, que se expandia em oposição à Sé Romana. Isso costuma ser enfatizado por meio das alusões ao fato de que os cátaros possuíam não só uma cosmovisão abrangente, mas igualmente sacramentos próprios (como o *Consolamentum*, uma cerimônia de iniciação espiritual que, responsável por distinguir os perfeitos dos crentes, também era ministrada a doentes e moribundos), bem como um ritual para a ordenação de bispos, os quais, por sua vez, assumiam o comando de dioceses: em Agen, Albi, Carcassone e Toulouse. Teria havido ainda outras quatro no norte itálico.

Como dito, essa caracterização tem sido desautorizada nas décadas de 2000 e 2010 por diferentes estudiosos. Os críticos insistem, sobretudo, que a visão radical – o dualismo – atribuído aos cátaros não passa de um mito, criado na Idade Média e reforçado por intelectuais modernos. Por enfatizar uma negação drástica da realidade social do dualismo, tal corrente historiográfica ficou conhecida como "cética". Segundo ela, ocorre que os inquisidores dos séculos XIII e XIV impunham um rígido conjunto de rótulos preconcebidos sobre uma realidade que era dinâmica e consistia em um complexo amálgama de práticas locais (religiosas, morais e políticas). Faziam-no para estabelecer as condições de funcionamento e a legitimidade necessária para a repressão e a perseguição. Isso explica por que os registros a respeito de um dualismo organizado decorrem do século XIII em diante – sendo, por conseguinte, posteriores e tardios em relação à formação do catarismo. São os registros inquisitoriais e os cronistas posteriores à Cruzada Albigense (1209-1229) que apresentam a heresia como amplamente difundida e dominante no espaço público, sobretudo no sul da Gália, a ponto de que teria sido comum encontrar "homens bons" pregando e discutindo em público.

Porém, outros testemunhos apresentam as populações acusadas de heresia protagonizando condutas reiteradamente ocultas e mesmo privadas, com as reuniões ocorrendo não em público, mas em bosques, vinhas, campos afastados e, com frequência, à noite. A imagem de uma teologia dualista recobria uma miríade de formas locais de busca pela santidade, busca essa marcada pelos costumes e pelas circunstâncias do lugar. O rótulo de uma "Igreja rival", dotada de uma hierarquia estruturada, encobre a verdadeira forma de organização dos heréticos, a saber, redes informais de contato, comunicação, preceitos e influências. Observe-se, por exemplo, o caso do termo "homens bons". Antes de 1210, esse epíteto era um título cortesão para os homens que, em circunstâncias particulares, eram conhecidos como prudentes e honrados. Seu prestígio era obra da realidade das cidades ao sul do rio Rhône, como Toulouse, onde ocupavam a corte local desde 1120, arbitrando disputas, estipulando rendas, ouvindo queixas. Por volta de 1170, porém, os "homens bons" passam a emergir do interior rural. Seria por obra dos grupos encarregados de extirpar a "depravação herética" – a princípio, os cistercienses e, em seguida, os inquisidores – que os "homens bons" foram transformados em líderes de seitas heréticas. O tratamento cortês a que faziam jus também foi convertido em marca herética. De modo geral, os "homens bons" eram considerados figuras envoltas em ares de santidade, e a população se dirigia a eles com uma deferência cortês, dobrando os joelhos três vezes e suplicando por bênçãos – trata-se do chamado *Melhoramentum*, expressão que denotava, entre as populações locais, um apelo à santidade e o reconhecimento da perfeição, da moderação, da sabedoria. Foram os perseguidores das heresias – insistem os céticos –

que classificaram cada episódio de *Melhoramentum* como uma prática de adoração. Diferentemente do que se passava com os "homens bons", as chamadas "mulheres boas" eram aristocratas – por vezes, meninas – consideradas sagradas, que já haviam superado – ou que antecediam – os anos de fertilidade, quando conceberam filhos e mantiveram-se casadas. Muitas vezes viúvas, partilhavam entre si a habitação, viviam isoladas e recebiam pouca ou nenhuma cortesia pública. Tais práticas foram consideradas provas de que essas mulheres integravam uma "Igreja rival" ao monasticismo feminino cristão – quando, na realidade, seu estilo de vida decorria de uma busca pela santificação pessoal.

O debate entre historiadores "tradicionalistas" e "céticos" segue acalorado e francamente aberto nas primeiras décadas do século XXI, com ambos os partidos alternando-se na posição de interpretação dominante à medida que novos estudos são lançados.

Extrato do sumário de crimes e sentenças lavrados por Pedro de Seilan na diocese de Cahors, 1241

"Huguette, esposa de Raymond Guiraud, foi receptadora de hereges, ouviu suas pregações muitas vezes e também, muitas vezes, os adorou, e deu-lhes coisas que pertenciam a ela. Ela os visitou várias vezes onde estavam hospedados, onde os ouviu pregar com frequência. Naquela época, ela acreditava que eles eram bons homens e ajudou na hereticização do marido.

Ela irá para Le Puy, Saint-Gilles-du-Gard, Santiago de Compostela, São Salvador das Astúrias, Saint-Martial de Limoges, Saint-Léonard, Saint-Denis e São Thomas em Canterbury. E ela usará duas cruzes, com um palmo de comprimento e dois dedos de largura, na frente, por um ano, e sustentará um indigente enquanto ela viver.

*

Stephen Galtier era um receptor de hereges, acompanhava-os e, muitas vezes, ouvia suas pregações (tantas vezes que não se lembra de quantas), adorava-os frequentemente, também comia com eles de forma reiterada e dava-lhes coisas que lhe pertenciam. Ele acreditava que eles eram homens bons.

Ele permanecerá em Constantinopla e usará cruzes do tamanho de uma palma nos ombros. Ele realizará esta viagem dentro de um ano a partir do primeiro domingo do Advento.

*

▶

Stephen Palmier ouviu a pregação de hereges muitas vezes e em muitos lugares, e ele os adorou diversas vezes e os acompanhou em viagens. [Ele será punido] como Huguette, exceto o indigente.

*

Adelaide de Laquièbre teve hereges em sua casa durante muito tempo, em momentos diferentes, e muitas vezes ouvia suas pregações, dava-lhes bens, adorava-os frequentemente e ia de modo regular ao local onde estavam hospedados.
[A seu respeito, foi decidido] Como [no caso de] Huguette.

*

Bertrand, cavaleiro de Gourdon, viu hereges em seu castelo e em sua própria casa. Ele falou com eles sabendo que eram hereges, e ouviu suas blasfêmias. Um dia viu Vigouroux de La Bacone e falou com ele, e deixou-o ir. E disse que certa vez Vigouroux tinha consigo Bartolomeu de Carcassonne. Mas ele não tinha ouvido dizer que ele era um herege. Ele soube disso mais tarde, depois que havia partido."

(LÉGLU, Catherine; RIST, Rebecca; TAYLOR, Claire (eds.). *The Cathars and the Albigensian Crusade*: a Sourcebook. London/New York: Routledge, 2014, p. 137; tradução minha).

É preciso lembrar que as comunidades consideradas heréticas professavam uma espiritualidade voltada para a imitação da vida apostólica e que, à luz dela, usualmente, emergia o tema da corrupção clerical. Eis um ponto em que a dissidência era socialmente tangível: os chamados cátaros eram um foco de insatisfação e hostilidade ao controle clerical sobre a vida em sociedade. Ainda que não possuíssem a identidade doutrinária e a profundidade cronológica conferidas pela perspectiva tradicional, *os comportamentos dos "homens bons" e das "mulheres boas" funcionavam como antípodas das condutas e dos exemplos encampados pela hierarquia clerical. Em outras palavras, eles ameaçavam o* establishment *católico.*

As acusações de heresia podem ser tomadas como evidência de que os círculos eclesiásticos que lideravam a Igreja esbarravam em obstáculos locais para a implementação do que consideravam ser a correta ordem do mundo. Especialmente, se fossem círculos reformadores. Afinal, acusações de heresia eram um instrumento comum aos que buscavam restaurar a Cristandade. O papa Gregório VII, por exemplo, considerava toda forma de desobediência à Sé Apostólica uma heresia. Entre os reformadores da segunda metade do século XI, práticas como o pagamento de taxas pela obtenção de uma igreja e ainda a existência de padres casados foram condenadas, respectivamente, como a heresia simoníaca e a do nicolaísmo. O distanciamento da população do sul da Gália em relação ao clericalismo impulsionou os esforços do papado para emoldurar a imagem de heresias de largo espectro social, criando a correspondência da dissidência como "o inimigo" cuja existência se tornava uma ameaça à liberdade da Igreja. É o que podemos ler nos cânones do Concílio de Tours, em 1163, por meio dos quais o papa Alexandre III instruiu os príncipes católicos a lutarem contra a condenável heresia que surgiu nos arredores de Toulouse, a capturarem os hereges, sobretudo aqueles que se reuniram em um mesmo lar. Assim ocorreu não só no sul da Gália, mas igualmente na península itálica, onde os papas do século XIII enquadraram os conflitos com as comunas como lutas contra a heresia. *Ao liderar a luta contra a heresia, o papado transformou a dissidência em um crime tanto religioso quanto político.*

A INQUISIÇÃO E A SOCIEDADE MEDIEVAL

A nova geografia religiosa do Ocidente tomou forma na mesma época em que se deu a ascensão política do papado, o que permitiu a Roma liderar as ações anti-heréticas. Para fazer frente ao crescimento do catarismo, a Santa Sé recorreu aos cistercienses, entre os quais eram recrutados os legados apostólicos a serem enviados às regiões "infestadas" para pregar e confrontar os hereges publicamente. Persuadir a população com o exemplo de monges de vida austera, disciplinada, e demonstrar, em enfrentamentos públicos, que as crenças dos "homens bons" não passavam de erros religiosos graves eram a dupla face da estratégia adotada pela cúpula papal. Contudo, as iniciativas não geraram o efeito esperado. As pregações eram pouco eficazes. Ademais, os cistercienses enfrentavam a concorrência de outro grupo, os valdenses. O nome faz alusão aos seguidores de Pedro Valdo (1140?-1205), um mercador lionês que protagonizou uma dramática conversão, tendo doado uma grande parte de seus bens aos pobres, adotando um estilo de vida apostólico. Valdo proferiu uma profissão de fé ortodoxa nos idos de 1170 e foi admitido no âmbito da Igreja de Lyon, sob a estrita condição de que somente realizasse pregações com a autorização do arcebispo. A condição foi violada e os chamados "pobres de Lyon" (ou valdenses) foram condenados como heréticos e expulsos da cidade. Os seguidores de Valdo se espalharam pela Gália e pelo norte itálico. Seu modelo de vida, calcado na crença em um Cristo vivo por meio da imitação da pobreza evangélica e da administração dos sacramentos, os dissociava dos modos de vida dos cátaros. Nesse concorrido cenário religioso, os enviados do papa Inocêncio III pouco puderam fazer. Em 1208, um representante do papa, que era seu principal legado na região, foi morto por alguém supostamente a serviço do conde local, precipitando as iniciativas de Inocêncio III para a formação de um exército encarregado de lutar contra a heresia. Aqueles que se unissem às tropas receberiam os mesmos benefícios assegurados aos que partiam para libertar Jerusalém. A supressão dos hereges tornava-se o propósito de uma cruzada. Pela primeira vez, o destino dos cruzados seria o interior da Cristandade, não terras distantes dominadas pelo Islã. O papado se voltava para a conquista e a coerção como estratégias essenciais. A mobilização se deu rapidamente. Em junho daquele ano, o exército cruzado se reuniu em Lyon e logo se pôs em marcha para Toulouse. Em 22 de julho, as tropas chegaram a Béziers e incendiaram a igreja de Santa Maria Madalena: o edifício estava repleto de gente, muitas pessoas haviam buscado o templo como refúgio da matança. Em agosto, apesar da resistência inicial, Carcassonne, Narbonne e Albi se renderam. Enquanto isso, o conde Raimundo VI de Saint-Gilles (1156-1222), que resistira por meses a fio contra os cruzados em Toulouse, mobilizou a aristocracia local e recorreu ao rei de Aragão. Sustentado por tal coalizão, Raimundo se lançou a uma batalha decisiva, da qual saiu derrotado. Toulouse, então, capitulou. Após dois anos, o papa Inocêncio confirmou a posse da cidade ao líder da cruzada, Simão de Montfort (1160?-1218). Não foi o fim. Toulouse foi palco de uma revolta em 1217, quando recebeu Raimundo de volta. O rei da França, Felipe Augusto (1165-1223), enviou então um exército comandado por seu filho. Deste ponto em diante, não se tratava de uma cruzada, mas de uma guerra movida pelo rei para alargar as fronteiras do reino. Tampouco o catarismo seria extinto pela mobilização militar. Seu principal adversário foi outro: os inquisidores.

"Inquisição" – *inquisitio* – foi uma palavra conhecida durante toda a Idade Média. No século XII, tal termo situava quem detinha o poder para investigar e julgar um suspeito de cometer uma transgressão, atuando simultaneamente como acusador. No caso da suspeita de heresia, uma inquisição era acionada para investigar crenças, comportamentos e associações do suspeito. Contudo, o Direito Canônico não era claro a respeito de como lidar com hereges. Os meios para provar a culpa eram, habitualmente, juramentos coletivos – em que se confirmava a obediência à profissão de fé institucional – e ordálios, isto é, submeter o acusado a provas corporais envolvendo fogueiras, barras incandescentes ou ser lançado ao rio atado a pedras, das quais deveria se recuperar prontamente caso fosse inocente; feridas, lesões ou adoecimentos prolongados eram considerados sinais de culpa. O desfecho mais comum consistia em entregar os acusados à autoridade secular, que determinaria a punição. Caso não fossem punidos, os bispos os excomungavam, baniam das dioceses ou os encarceravam. Linchamentos populares incitados pela Igreja não eram incomuns.

Com o passar do tempo, a Igreja medieval começou a suprir as lacunas legais: decretos de concílio, bulas papais, tratados teológicos e epístolas foram elaborados, conferindo certa natureza jurídica à heresia e estabelecendo procedimentos para identificar, perseguir e punir. Entre 1180 e 1250, o papado emitiu bulas detalhando a reputação que deveria ser reconhecida em cada herege: os cristãos deveriam identificá-lo como sendo aquele que não temia sentir ou ensinar algo diferente do que observava a Igreja romana, especialmente quanto aos sacramentos. Ao herege cabia a excomunhão, a perda de qualquer função eclesiástica, caso se tratasse de um clérigo; que fosse considerado infame, incapaz de ocupar qualquer cargo ou magistratura; não poderia prestar testemunho, tornava-se incompetente para receber herança e/ou pagamento de uma dívida qualquer; sua habitação seria demolida; seus bens seriam confiscados (tanto do herege quanto de quem lhe oferecera proteção e apoio); que fosse condenado culpado por lesa-majestade, afinal, sua existência era um ultraje à majestade de Cristo; que fosse entregue ao poder secular para ser punido de acordo com a lei – o que, frequentemente, significava morte. Em meados do século, a Santa Sé autorizaria o uso de tortura durante interrogatórios.

Apesar da crescente malha de mecanismos repressores, é preciso lembrar que não havia, nessa época, uma Inquisição, com "I" maiúsculo, denotando uma instituição centralizada, capaz de impor um corpo de normas e procedimentos unificados a todos os inquisidores – como seria característico do período Moderno. Aliás, cabe notar que em muitas regiões, como o norte itálico, a busca inquisitorial por desbaratar a heresia ocorria, muitas vezes, paralelamente à atuação das autoridades citadinas. A legislação secular, emitida pelo poder imperial e seguida em certas comunas, estipulava que a heresia era um crime público, análogo ao de assassinato. Mesmo antes da chegada dos inquisidores, deveres anti-heréticos figuravam nos estatutos cívicos. Juridicamente, tratava-se de um ambiente intrincado, no bojo do qual Direito Canônico, leis imperiais e arranjos locais se entrelaçavam na busca pela determinação e pela punição da heresia, de modo que os inquisidores não eram os únicos a atuarem.

Manuscrito contendo cena de tortura na Idade Média (c. 1340-1350), em pergaminho, feito por Graciano Bartholomaeus Brixiensis. [convento de Célestins, Avignon]

Durante a Idade Média, a Inquisição manteve o caráter de jurisdição designada pelo papado para circunstâncias particulares. Na realidade, a Inquisição era, em primeiro lugar, o dever episcopal de percorrer a diocese, inquirindo, interrogando e punindo ideias e comportamentos desviantes – não só a heresia. Quando as visitações e as exortações dos bispos mostravam-se insuficientes, o papado adotava a política de designar juízes especiais encarregados de perseguir a heresia. Foi o que fez o papa Gregório IX (1145-1241), em 1231, ao designar o prior de Regensburg, atual Alemanha, juiz encarregado de buscar e lidar com suspeitos de heresia. Com o final da Cruzada Albigense, em 1229, Gregório direcionou tal política para a região do Languedoc, instruindo o estabelecimento de inquisidores com poderes que deveriam ser independentes dos bispos locais – com os quais, porém, deveriam cooperar. Tribunais foram fixados em Toulouse e em Carcassonne. *Os interrogatórios transcorriam como exercícios de dominação.* A maior parte das pessoas submetidas a eles encarava um processo marcado por sofrimentos diversos, especialmente se fossem caracterizadas como hereges. O processo, em geral, era iniciado com uma investigação motivada por difamação, de modo que a fama pública era condição suficiente para o início da suspeita por heresia. Uma vez convocado ao tribunal, o suspeito que não comparecesse era excomungado e acionavam-se as autoridades civis para sua captura. Uma vez cumprida a etapa da convocação, o acusado e as testemunhas prestavam juramento, em muitos casos, tocando os livros do Evangelho. O transcorrer do processo investigativo era mantido em sigilo – uma das premissas fundamentais da reunião de informações sobre o réu era de que os acusadores e as testemunhas permanecessem anônimos. A constituição da prova tinha como principal característica a obtenção da confissão por parte do acusado, bem como a confirmação por testemunhas: sobre o suspeito recaía uma série de mecanismos de pressão e do emprego da violência. Além disso, suas palavras deveriam ser corroboradas não só pelos depoimentos colhidos pelo inquisidor, mas também corresponder aos padrões estabelecidos pela literatura anti-herética – especialmente, os "manuais para inquisidores". A prova deveria satisfazer as expectativas do investigador, acusador e juiz – papéis amiúde acumulados pela mesma pessoa. Era preciso, portanto, confirmar, ao menos em parte, as acusações preestabelecidas. As técnicas empregadas na obtenção da confissão cobriam um amplo espectro de coerções, que compreendiam desde as tentativas do inquisidor de persuadir o réu e a exclusão dos sacramentos até o encarceramento temporário e o emprego da tortura – esta última era amplamente utilizada pelos inquisidores de Languedoc, a ponto de provocar alegações de excesso e abusos. Uma vez obtida a "confissão", passava-se a outra sessão, em que o réu "confirmava a prova" de maneira solene, a qual era, então, redigida. Em seguida, ele abjurava: condenava seus erros e suplicava por sua readmissão na Igreja. O inquisidor passava, então, ao chamado Sermão Geral: a leitura pública das sentenças expedidas pelo tribunal, concebida como uma restauração da ortodoxia. Em cada etapa do processo, tomava forma uma transformação revolucionária: o estabelecimento de usos sistemáticos e minuciosos da cultura escrita – que circulava entre diferentes gerações de inquisidores – e de provas materiais durante os processos de investigação em matérias da fé.

A pena de morte na Idade Média

"A primeira execução de um herege cristão, Prisciliano de Ávila, em 385, não abriu um precedente imediato no Ocidente latino. No Império Bizantino, [...] a execução por heresia era prescrita na lei civil que remonta a Justiniano, e a responsabilidade por isso cabia aos imperadores, e não à Igreja – embora a Igreja cooperasse. A morte foi imposta aos dualistas pelo menos desde o século IX, e uma das execuções mais famosas de Bizâncio foi a de Basílio, o Bogomil, queimado após seu julgamento em 1098. Na Europa latina, desde o início do século XI, a morte era uma resposta habitual à heresia, mas esse costume só começou a ser codificado formalmente no século XIII. Em 1250, vários Estados da Europa Ocidental – Aragão, Leão-Castela, França, os territórios alemão e italiano do Sacro Império Romano – tinham instituído a morte como pena para o crime de heresia. A execução no Ocidente cristão latino estava explicitamente ligada ao processo eclesiástico de inquisições heréticas; fora deles, governantes não executaram por heresia. Mas, por causa da proibição de o clero derramar sangue, os hereges que se recusavam a confessar ou que regressavam a uma heresia abjurada eram 'entregues ao braço secular'. Deixavam de ser possíveis penitentes, sendo investigados pelo pecado de heresia em um tribunal eclesiástico; aquele tribunal lavava as mãos quanto a eles, deixando-os sujeitos a processos por heresia como um crime secular. Mas, tal como na Igreja grega, os clérigos latinos seriam totalmente cúmplices nas execuções formalmente conduzidas pelo Estado. A [bula] *Excommunicamus* do papa Gregório IX ordenou em 1231 que 'aqueles condenados pela Igreja podem ser entregues ao julgamento secular, para serem punidos com o castigo merecido'. Gregório e os futuros papas e inquisidores sabiam muito bem que esse castigo era a morte."

(AMES, Cristine Caldwel. *Medieval Heresies*: Christianity, Judaism, and Islam. Cambridge: Cambridge University Press, 2015, p. 217; tradução minha).

A ação inquisitorial, contudo, não transcorreu no interior de uma sociedade inerte. Embora difíceis de localizar na documentação, *formas de resistência foram contrapostas aos procedimentos e aos agentes inquisitoriais*. Os indícios recobrem desde ações sutis, como capacidade das testemunhas em realizar cooperações fingidas e criar antagonismos entre os inquisidores, até mobilizações coletivas, que envolviam o emprego da força. Há relatos de multidões impedindo o encarceramento de suspeitos, resgatando réus, impedindo que condenados fossem queimados, apedrejando auxiliares do tribunal, expulsando os juízes das cidades, assassinando inquisidores, planejando a destruição de arquivos... A lista pode ser facilmente prolongada. Ela demonstra que inquisidores designados pelo papado precisavam angariar apoio, habitualmente junto à aristocracia laica, inclusive a local, para dobrar a resistência e levar adiante suas ações persecutórias. A adesão da elite – ou, ao menos, de parte dela – para viabilizar a concretização das decisões inquisitoriais é um dado recorrente na bula *Ad extirpanda*, promulgada por Inocêncio IV (1195-1254) em maio de 1252. Seu texto se dirigia aos potentados e aos governadores de cidades da Lombardia, da *Romagna* e da Marca Trevisana, e os encarregava de uma série de medidas para buscar, inquirir e encarcerar os hereges. Para isso, no entanto, tais potentados deveriam nomear 12 homens probos que, juntamente a dois notários e a dois auxiliares, deveriam capturar os hereges, retirar-lhes seus bens e tomar providências para que fossem levados à presença do bispo. Tais oficiais poderiam tomar para si a terça parte dos bens dos hereges, bem como as multas às quais os capturados fossem condenados a pagar. Cabia igualmente aos potentados investigar os filhos e os sobrinhos dos hereges ou de quem os acolheu e defendeu, a fim de que, no futuro, não ocupassem cargo público ou no conselho urbano. À medida que o texto transcorre, as incumbências dos laicos vão se avolumando, numa demonstração de que as perseguições conduzidas pelos inquisidores deviam, em algum grau, atender a interesses locais, muito provavelmente abrindo um novo campo para a concorrência entre segmentos das elites e permitindo a certos grupos se perpetuarem no poder. *A perseguição podia ser um negócio lucrativo para os magnatas medievais e suas redes de apoiadores.*

Nas décadas seguintes, até os idos de 1350, as inquisições atuaram em um campo de ação cada vez mais amplo. Não só porque os inquisidores tinham à sua disposição um acervo maior de textos jurídicos –

permitindo, portanto, uma classificação cada vez mais larga do espectro da heresia –, mas igualmente porque as realezas assumiam o combate à heresia como incumbência da Coroa. Foi assim no império, no qual, desde o começo do século XII, uma lei detalhada a respeito da heresia prescrevia a morte na estaca para um recalcitrante. Também na França, onde a justiça real, por vezes, ultrapassava a autoridade eclesiástica: cabe lembrar, por exemplo, como o rei Felipe IV (1268-1314) criticou o papa Clemente V (1264-1314) por sua negligência quanto à heresia atribuída aos templários. Dois casos devem ser mencionados como singulares. O primeiro, a Inglaterra, onde, com a incidência de raras ocorrências de heresias ao longo dos séculos XII e XIII, o Direito se desenvolveu sem a mesma influência dos procedimentos inquisitoriais que grassavam no continente. E a península ibérica, na qual a relação entre cristãos, judeus e muçulmanos assumiria uma importância cada vez maior em relação às heresias.

É preciso manter-se vigilante quanto ao risco de transformar o contexto medieval ibérico em uma simples antecipação do que seriam as Inquisições modernas, fundadas na Espanha, em 1478, e em Portugal, em 1536, quando a vigilância inquisitorial sobre *conversos* do judaísmo e do islamismo ocupariam o centro da cena religiosa. Nos tempos medievais, mesmo sob a marcha da "Reconquista" – a conquista cristã de territórios muçulmanos, sobretudo a partir do século XI –, o *status* das populações muçulmanas variava significativamente de reino para reino, e mesmo de localidade para localidade. Contudo, embora houvesse possibilidades diversas para uma manutenção da identidade religiosa sob hegemonia cristã, pressões pela exclusão e pela conversão dessas populações se mostraram duradouras. Episódios de banimento dos governos municipais, confinamento em bairros, obrigação da venda de propriedades aos cristãos, regras rígidas quanto ao vestuário, escravização e deportação de muçulmanos perpassam a história ibérica. Quanto aos judeus, mais numerosos na Ibéria do que em outras regiões europeias e, em muitos casos, integrados aos governos monárquicos, houve uma coexistência relativamente pacífica – embora marcada por uma série de proibições impostas, sobretudo, por concílios – até o século XIV: as décadas de 1320 a 1340 registram revoltas antijudaicas que deixaram um rastro de perseguições, massacres e saques, que se espalharam por diferentes cidades após 1391. É nesse contexto que as conversões passam ao primeiro plano das relações sociais: entre 1391 e 1415, mais da metade dos judeus da *Hispania* teriam sido batizados. No final do século XIV, os *conversos*, que compreendiam grupos diversos, multifacetados e dinâmicos, figuravam como a principal categoria visada pela repressão católica entre as elites ibéricas. Assim tomava forma um marco dos momentos finais de importante transformação histórica, a passagem de uma sociedade medieval plural, étnica e religiosamente, para uma sociedade em que apenas uma religião imperava.

TENSÕES E ESTIGMATIZAÇÃO SOCIAL

Apesar da repressão levada a cargo pela Igreja, os séculos XIV e XV seriam palco de religiosidades que desafiavam a hegemonia católica. As populações urbanas – maiores, mas profundamente afetadas pela peste bubônica entre 1348 e 1375 – lançaram-se à busca por formas de solidariedade e proteção que alcançassem os mais pobres. Tal foi o papel das confrarias: associações de laicos devotos, firmadas com o objetivo de realizar orações comuns, caridade recíproca, celebrações, suporte em caso do acometimento por doença – em especial, de hanseníase – e outras formas de socorro mútuo. Entretanto, era sobretudo na morte que se esperava solidariedade dos confrades. Não apenas com orações realizadas ao leito de quem definhava, mas também assegurando o sepultamento e encomendando missas para encurtar a travessia da alma pelo purgatório. As confrarias respondiam à coletivização da morte, transformação social que avançou rapidamente no interior das cidades, povoando o imaginário e a arte com uma obsessão pelo macabro, pelo fúnebre e pelo trágico. Porém, é possível que as confrarias tenham desempenhado outro papel, igualmente decisivo: o de constituir comunidades textuais, isto é, custear traduções vernaculares de obras em latim e viabilizar a circulação de certa doutrina entre seus membros. Tal probabilidade se deve ao fato de que produzir livros voltados para a orientação espiritual era característica da vida urbana há décadas e se difundia em comunidades religiosas. Talvez o caso mais notório tenha sido o das chamadas "beguinas". O nome destaca um movimento religioso muito popular nas cidades do norte europeu desde o século XIII. Era um movimento formado por mulheres piedosas que, em busca da vida espiritual, adotavam um estilo de vida comunitário –

quando casadas ou viúvas, viviam nas imediações de seus lares –, marcado por castidade, pobreza voluntária, comparecimento constante à missa, assistência a pobres e doentes, cópia de livros, sem renunciar à propriedade e às rendas – que eram administradas coletivamente – e sem proferir o voto público de viver conforme uma regra monástica, inclusive realizando trabalhos remunerados no interior das cidades, em especial junto à manufatura têxtil. Seu estilo de vida atraiu laicos, inclusive clérigos, e tornou-se terreno fértil para experiências místicas, das quais há de se destacar Marguerite Porete (?-1310), executada na fogueira pelo bispo de Paris em razão das ideias formuladas no livro *O espelho das almas simples e aniquiladas e que permanecem somente na vontade e no desejo do amor.* Nele, Marguerite descreve sete estágios da ascensão espiritual a Deus, processo ao término do qual a alma está completamente libertada e purificada, não mais compelida pelas regras da Igreja e da sociedade. Apesar da condenação das beguinas como hereges, em 1312, no Concílio de Vienne, *O espelho* alcançou grande circulação em francês antigo e em cópias em latim. Em certa medida, o destino do livro foi reflexo do que ocorreu com as beguinas, readmitidas à sociedade cristã por João XXII (1244-1334). A busca espiritual de Marguerite Porete se sobrepôs à condenação eclesiástica. Ao longo do século XIV, as beguinarias e as confrarias se tornaram parte da mesma realidade de *um distanciamento tangível entre a Igreja e as expectativas e demandas populares, especialmente as urbanas.* Os padrões de espiritualidade não coincidiam entre as populações urbanas e o clero institucionalizado, como demonstraram ainda os processos de santificação. Entre as centenas de indivíduos venerados entre 1198 e 1431 nas cidades italianas, apenas 35 foram canonizados pelo papado. A identificação inicial de um santo corria ao largo do controle papal, florescendo em cultos locais, no âmbito de extratos sociais como a baixa nobreza mercantil e os segmentos artesãos, envolvendo milagres e intercessões em favor dos extratos mais baixos da população.

Grande parcela do clero percebeu esse distanciamento em termos de uma oposição espiritual, como se vivesse em uma época em que se multiplicavam os adversários da autoridade sacerdotal. Com efeito, uma das consequências desse contexto consistiu no *agravamento da estigmatização de minorias, sobre as quais a cultura eclesiástica projetava identidades sociais deterioradas. Assim se passou com os judeus.* Alguns dos mais antigos estereótipos cultivados pelas elites eclesiásticas a respeito dos judeus tinham a ver com o dinheiro. Embora a riqueza judaica estivesse concentrada nas mãos de uma minoria – a maior parte da população vivia no limiar da pobreza –, as atividades que envolviam crédito e empréstimo, sobretudo a juros, eram ligadas de modo particular ao povo judeu. A partir do século XII, o Direito Canônico medieval passou a considerar o empréstimo a juros em uma relação contratual – em que a cobrança, julgada injusta ao devedor, era atrelada a uma atividade considerada não produtiva – como usura e, não importando quão pequeno, como a venda de dinheiro: um ato infame e ilícito, característico de judeus, infiéis, pagãos e camponeses. Como ato infame, a usura tornava-se a marca de uma desonra pública que deveria ser apresentada à opinião comum; motivo pelo qual a Igreja reservava a excomunhão para os usurários cristãos e o ancestral rótulo de "infiel a Deus" aos não cristãos. Como tal, declarava-se a incapacidade de participar da vida pública no interior de uma comunidade cristã, o que, por sua vez, exigia a separação e a exclusão dos usurários manifestos. Teologicamente, a Igreja encarava a avareza de Judas – cuja traição a Cristo despontava como a manifestação visível de uma atitude viciosa em relação ao dinheiro – como o atributo que se repetia nos hereges, infiéis e, sobretudo, nos judeus. Em termos econômicos, Judas e os judeus eram evocados como provas de uma sobrevalorização do dinheiro pelo dinheiro, o que revelava, aos olhos do clero, uma incapacidade para compreender o valor dos bens pertencentes à comunidade cristã. Tratava-se de um abuso econômico, completamente diferente – assegurava a Igreja – do crédito concedido por abades, bispos e mesmo reis. Ainda que fosse praticada por cristãos, a usura figurava como costume judaico. Esse era, por exemplo, o significado do verbo "judaizar": tornar-se usurário e, como tal, mover-se fora dos espaços institucionais em que o crédito poderia ser negociado (o mosteiro, a igreja, a corte). *Através da estigmatização dos judeus, selecionavam-se os agentes aptos a tomar parte das relações de mercado no mundo cristão, e difundia-se uma linguagem de marginalização e exclusão que cresceria nos séculos seguintes.* Embora a tradição católica proibisse conversões forçadas e estipulasse ser um dever dos governantes proteger a existência dos judeus, desde o século XIII, uma série de restrições recaíram sobre eles: o IV Concílio de Latrão, realizado em 1215, determinava que nenhum judeu desposasse uma mulher cristã; que se abstivesse de comparecer em público nos dias da Paixão de Cristo; que não ocupasse uma magistratura; e que se distinguisse dos cristãos pelas vestimentas. Em diversas regiões, tal distinção consistia num círculo costurado sobre a roupa. Nas décadas seguintes, cresceria a associação entre "os inimigos de Cristo" e as heresias, a tal ponto que, em 1267, o papado estendeu a jurisdição dos inquisidores sobre judeus que persuadiam cristãos de ambos os sexos a aderir ao seu rito, isto é, o judaísmo. Pregadores itinerantes queimavam livros judaicos em público, invadiam sinagogas como meio para forçar uma conversão ao cristianismo. Por vezes, os estigmas de "blasfemo" e "deicida" – assassino de Deus – tangenciavam outro: o de cúmplice em um pacto satânico contra a Cristandade. Da acusação do envenenamento de fontes de água ao assassinato ritual de crianças, judeus surgiam como um inimigo interno ao povo cristão, sendo expulsos do reino, como ocorreu na França em 1321, ou dizimados, como aconteceu no interior da atual Alemanha em 1349. Contudo, é muito difícil precisar o papel da Igreja nessas explosões de antijudaísmo, pois nos situamos numa intercessão entre cultura clerical e cultura popular, tão poderosa que escapava ao controle do papado: pontífices chegaram a decretar a inocência dos judeus e proibir o clero de disseminar tais imagens. Certo foi o papel exercido pela Igreja no isolamento dos judeus: o Concílio de Basileia, em 1434, decretou que não mais poderiam manter relações regulares com cristãos, de solicitá-los como médicos ou serviçais, de morar nas mesmas casas, de construir novas sinagogas, de empregar trabalhadores cristãos, de ocupar função pública. Oito anos depois, Eugênio IV (1383-1447) declarou que judeus deveriam viver separados e segregados, sem o direito de possuir casas, a não ser em certas áreas.

As elites cristãs e a crença na feitiçaria

"A virada do século XIV foi marcada por um conjunto de julgamentos políticos na França, pelo menos um em Florença – o de Cecco d'Ascoli em 1322 –, vários na Inglaterra e diversos na corte papal em Avignon, nos quais acusações de feitiçaria figuraram proeminentemente. As acusações de feitiçaria explodiram em julgamentos políticos brevemente nos séculos IX e XI, mas o conjunto de julgamentos no início do século XIV ocorreu no final de um processo em que um conjunto de visões sistemáticas, coerentes e altamente articuladas da feitiçaria, tanto como heresia quanto como crime secular, foi amplamente desenvolvido.

Em geral, nos tribunais seculares, os juristas procuravam danos realmente causados pela feitiçaria; nos tribunais eclesiásticos, os canonistas procuravam indícios de que a feitiçaria fosse praticada por meios que claramente tivessem sabor de heresia, especialmente a homenagem prestada a demônios em troca de poderes mágicos. [...] Os julgamentos do início do século XIV são importantes por outra razão; a maioria dos casos anteriores de processos por magia, feitiçaria ou bruxaria eram conhecidos, em especial, localmente – os casos individuais não eram amplamente conhecidos, a menos que fossem incluídos em uma literatura de maior circulação, em geral, de tipo profissional. As doutrinas da heresia e da feitiçaria, no entanto, tendiam a ser mais amplamente conhecidas, principalmente entre aqueles que estudaram Teologia e Direito Canônico ou se tornaram teólogos e canonistas profissionais. Isto é, uma literatura profissional comum cresceu após o final do século XII e foi usada em escolas e tribunais em toda a Europa Ocidental. Essa literatura [...] constituía um corpo de doutrina conhecido por teólogos, juristas, magistrados seculares e inquisidores, e poderia ser usada como padrão para avaliar o caráter das acusações de feitiçaria ou bruxaria em toda a Europa Ocidental, mesmo em arranjos locais. Aqueles que não a conheciam podiam aprender o seu conteúdo através de contatos pessoais em conselhos eclesiásticos, em missões diplomáticas e por meio de livros e de eruditos universitários que a conheciam."

(PETERS, Edward. The Medieval Church and State on Superstition, Magic and Witchcraft: from Augustine to the Sixteenth Century. In: JOLLY, Karen; RAUDVERE, Catharina; PETERS, Edward. *Witchcraft and Magic in Europe*: The Middle Ages. London: The Athlone Press, 2002, p. 218; tradução minha).

As mulheres foram outra minoria altamente estigmatizada. Sobre elas recaíam as acusações de dissimulação, perfídia, perversidade, malefícios e violência. Num ambiente de ansiedades e de apreensões geradas pela peste, guerras prolongadas, ondas de fome e sublevações populares, proliferaram discursos marcados pela atribuição de um descrédito geral às mulheres. Quando amalgamavam a imagem da mulher à de uma fonte de pecados e à de uma propensão para a corrupção das leis, os pregadores revolviam uma herança de representações misóginas, alcançando, no entanto, audiências cada vez mais amplas. A partir da década de 1370, as mulheres substituem os judeus como partícipes no pacto com Satã: os julgamentos por bruxaria ocorrem com alguma frequência. É certo que o período compreendido entre os séculos XIV e XV comporta poucos casos de julgamentos por bruxaria, em especial se comparados à Época Moderna. Mas acusações de satanismo já não são uma raridade nos tribunais eclesiásticos. A década de 1430 marca o início de um período da multiplicação dos tratados a respeito da bruxa, dos quais o mais conhecido é *O martelo das feiticeiras*, publicado por volta de 1486.

Estigmas sexuais também puseram em movimento uma política clerical a respeito da identidade de outro grupo, os homossexuais. É possível dizer que a chamada "sodomia" assumiu o primeiro plano entre os alvos dos discursos teológicos no século XI; entretanto, as denúncias realizadas pelo alto clero não extinguiram os casos de homossexualidade nas cortes, nas cidades e entre o próprio clero. A criminalização da homossexualidade ganhou contornos firmes no século XIII: por um lado, os teólogos asseguravam que ela violava a ordem natural instituída por Deus; por outro, reis recorriam ao direito romano para decretar a morte na fogueira como punição. Mas a repressão atingiria outro patamar nos séculos XIV e XV, com as cidades implantando, sob a influência de pregadores e de inquisidores, campanhas punitivas sistemáticas, que envolviam encarceramento, execução na fogueira, decapitação e confisco de bens. Após os anos 1420, houve um crescimento dos processos motivados por sodomia.

Nesse cenário de tensões sociais agudas, a aceitação da autoridade do clero *per se* era cada vez mais rara. O anticlericalismo era uma resposta frequentemente formulada no interior das cidades, devido a uma conscientização da população como uma congregação dotada de um amparo espiritual próprio, e capaz de fazer frente aos questionamentos e às expectativas que circulavam no Ocidente.

Sugestões de leitura

BUENO, Irene. *Defining Heresy*: Inquisition, Theology, and Papal Policy in the Time of Jacques Fournier. Leiden: Brill, 2015.

GIVEN, James B. *Inquisition and Medieval Society*: Power, Discipline, & Resistance in Languedoc. Ithaca: Cornell University Press, 2001.

PETERSON, Janine Larmon. *Suspect Saints and Holy Heretics*: Disputed Sanctity and Comunal Identity in Late Medieval Italy. Ithaca: Cornell University Press, 2019.

RICHARDS, Jeffrey. *Sexo, desvio e danação*: as minorias na Idade Média. Rio de Janeiro: Jorge Zahar, 1993.

SENNIS, Antonio (ed.). *Cathars in Question*. New York: York Medieval Press, 2016.

Consciência e autoridade: imaginários, culturas eclesiásticas e práticas sociais

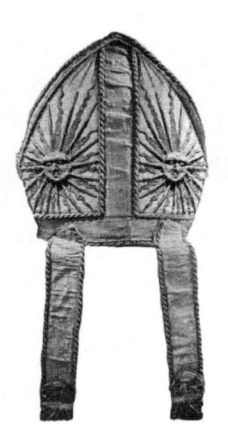

A associação a seguir pode parecer inusitada, mas fato é que, historicamente, a unidade da Igreja esteve diretamente relacionada às atitudes perante as imagens. Durante os primeiros séculos, em meio às perseguições imperiais e às disputas intelectuais com as tradições filosóficas "pagãs", vigorou, de modo geral, uma rejeição ao uso religioso de pinturas. Nas catacumbas e nos cemitérios, onde por vezes as pinturas eram toleradas, as paredes eram tomadas por grafites, sinais e símbolos – muitos deles de significado secreto –, evitando-se o retrato e as esculturas. Nas igrejas, o uso de imagens era proibido. Entre os patriarcas dos primeiros séculos, circulava a certeza de que a Bíblia se opunha ao uso de representações pictóricas. Quando a Igreja entrelaçou sua existência à do Estado romano, no século IV, a produção de imagens ganhou enorme força e as decorações dos santuários incorporaram diversas características da arte imperial, especialmente seus ideais de triunfo e governo universais. Posicionar-se a respeito da necessidade de retratar ou não modelos espirituais em templos, palácios, mercados, muralhas, roupas até mesmo em obras escritas era mais do que expressar uma devoção pessoal: passou a fazer parte da construção da legitimidade dos governantes cristãos, principalmente de dinastias recém-chegadas ao poder. As disputas pela condenação ou aprovação de representações sagradas alcançavam o cotidiano das populações: nas cidades, afetavam as maneiras de buscar a intercessão do santo patrono nas relações econômicas; nos exércitos, nos quais era comum que ícones fossem carregados à frente das tropas, acreditava-se que interfeririam nos desfechos de batalhas; nos campos, associavam-se ao socorro proporcionado pelos mosteiros, onde se encontravam as imagens milagrosas que podiam responder a súplicas, preocupações e oferendas camponesas. *No alvorecer da Idade Média, a crença na presença espiritual na criação artística trazia consigo numerosas ramificações sobre a autoridade, a popularidade e, consequentemente, a riqueza e a capacidade de dizer o sagrado de que dispunha a Igreja.*

Em fevereiro de 754, 338 bispos atenderam ao chamado do imperador e compareceram ao palácio de Hieria, não muito longe de Constantinopla, para deliberar sobre um tema que dividia a Cristandade, lançando gregos e latinos em campos opostos da mesma fé: o culto a imagens de Cristo, dos santos e mesmo dos anjos. O tema, que não contava com consenso entre os Pais da Igreja, passou a ocupar o primeiro plano das preocupações cristãs havia quase 30 anos, quando o imperador Leão III (c. 685-741) teria declarado que a arte figurativa corrompia a fé. Porém, em que pese a notícia sobre alguns pronunciamentos imperiais em meados dos anos 720, bem como a ordem de pôr por terra a imagem de Jesus que encimava o Grande Portão de bronze do palácio, Leão não legou ao sucessor uma política coesa e abrangente de iconoclastia – isto é, de oposição à figuração religiosa. Na realidade, é difícil saber se Leão foi, de fato, um iconoclasta. Essa reputação é fruto, fundamentalmente, de registros históricos redigidos um século depois. É possível que o primeiro imperador da dinastia dos "Isauricos" tenha adotado uma postura de reformar a religião, opondo-se aos ícones. Quando ele chegou ao trono, em 717, o império estava à beira da aniquilação. Após décadas de perdas territoriais para o Islã, um exército árabe passou a sitiar Constantinopla. Fontes armênias apresentam Leão liderando a resistência à maneira dos reis do Antigo Testamento, ordenando orações, citando

Salmos, declarando sua fé em Deus. Ele teria, inclusive, carregado uma cruz para a batalha como uma forma de assegurar a intercessão divina. Aparentemente, a devoção à cruz foi uma forma de fortalecer a legitimidade de um regente recentemente entronizado, que não havia herdado o trono e enfrentava significativa resistência interna. A cruz era o primeiro símbolo do cristianismo e associava Leão à figura de Constantino I (272-337), que teria recebido a visão da cruz antes de uma decisiva batalha no interior do Império Romano. Além disso, era o símbolo que oferecia maior contraste com o islamismo. Ao que tudo indica, Leão, que se apresentava como defensor da Cristandade e venerador da cruz, liderou a iconoclastia nos anos 720, mas o fez através da remoção de algumas imagens, não da oposição sistemática a todas elas. Esse feito foi alcançado por seu filho, Constantino V (718-775), pelo Concílio de Hieria. Considerando-se uma assembleia de alcance universal, os prelados ali reunidos afirmaram que, ao tentar representá-lo, a arte figurativa blasfemava contra o Cristo. Incapaz de tracejar a natureza divina, a imagem apenas delineava o que teria sido o corpo do Salvador, dissociando, como faziam os hereges, forma humana e divindade. Então, decretaram: será rejeitada, removida e amaldiçoada da Igreja cristã toda semelhança, feita de qualquer material, com tudo o que vive na eternidade com Deus. Quem ousasse fazer tal coisa, ou venerá-la, ou instalá-la em uma igreja ou em uma casa particular, ou possuí-la em segredo, seria deposto, se bispo ou diácono; se monge ou leigo, anatematizado e sujeito a ser julgado pelas leis seculares como adversário de Deus. Assim, no mesmo ano em que Pepino, o Breve, foi ungido rei dos francos, o Império Romano passou a promover uma política sistemática de oposição à arte figurativa. Esses dois eventos, aparentemente sem conexão entre si, são indicadores de que gregos e latinos seguiam por caminhos diferentes quando se tratava de religiosidade, arte e dogmas. Afinal, a ascensão carolíngia também acarretaria consequências decisivas para determinar em que os cristãos deviam acreditar.

Até o final do século VIII, três posicionamentos teológicos seriam formados sobre o culto às imagens. O primeiro, como acabamos de ver, era a vertente imperial. Surgida na década de 720, assegurava que toda imagem era uma tentativa pagã de circunscrever, de delinear a infinita e incorpórea divindade de Jesus; que a figuração dos santos só seria admitida com a plena consciência de que uma imagem serve somente para rememorar a existência terrena de certos homens e mulheres, mas jamais colocaria cristãos em contato com a santidade. Essa perspectiva vigorou no interior do Império até a década de 780, quando o culto às imagens foi restaurado pela rainha regente Irene (c. 752-803) – mas ganharia novo fôlego durante as primeiras décadas do século seguinte. Em segundo lugar, o entendimento do papado. Estabelecido desde cedo – Roma condenou a iconoclastia nos sínodos de 726, 731, 732 e 769 –, alcançaria sua forma mais elaborada pelas mãos do papa Adriano I (c. 700-795). Reza essa perspectiva que imagens de Jesus, de Maria e dos santos mantinham uma similitude com seus modelos, de modo que era possível honrar e comunicar-se com os entes espirituais por meio de pinturas e esculturas; portanto, através da imagem, fazia-se mais do que rememorar a história da salvação, afinal, operava-se uma passagem sagrada: instruída pelo visível, a mente era arrebatada pelo invisível. Por fim, o entendimento carolíngio. Firmado entre 791 e 794, a via carolíngia foi ratificada durante o Concílio de Frankfurt – uma concorrida assembleia para a qual se dirigiram bispos e abades das muitas províncias francas e mesmo legados pontifícios – e, sobretudo, com a redação dos chamados *Livros carolinos* ou – conforme foi rebatizado recentemente pela crítica histórica – a *Obra do rei Carlos contra o sínodo*, pois Carlos Magno figura aí como autor de uma réplica ao sínodo celebrado pela rainha Irene em 787. Com suas páginas tomadas pelo antagonismo contra Constantinopla, os *Livros* formulam uma visão distinta, uma espécie de via intermediária: imagens não deviam ser destruídas, tampouco adoradas, mas reconhecidas como ornamento das igrejas; não deviam ser tidas como ídolos que corrompiam a crença cristã, tampouco objeto sagrado que permitia entrar em contato com a santidade e instruir o povo, mas um elemento decorativo e útil, que possibilitaria aos cristãos, sobretudo aos iletrados, demonstrar respeito por episódios centrais da fé, à medida que oferecia aos olhos o que era lido nas Sagradas Escrituras. Com a visão carolíngia, instalou-se um intricado cenário triangular de *disputa pela capacidade de apresentar-se como "o" guardião da tradição e estipular a correta ordem no interior da Igreja*. Em si mesma, a concorrência pelo poder de corrigir a crença cristã e ajustar a vida em sociedade ao seu conteúdo nada possuía de novo para Constantinopla e para Roma. Ambas partilhavam um passado de acirradas guerras discursivas sobre a profissão de fé cristã – especialmente quanto à compreensão da natureza de Cristo. Contudo, a tríplice concorrência do século VIII era evidência de um novo aspecto: o pleno estabelecimento da corte carolíngia como o centro difusor de normas a respeito das práticas devocionais, artísticas e intelectuais da Cristandade.

Carlos Magno não escreveu os *Livros carolinos*. O provável redator foi Teodulfo (c. 750-821), um descendente de visigodos que havia emigrado da *Hispania* muçulmana e, após alguns anos, estabeleceu-se na corte. Mas, ainda que não os tenha redigido, Carlos era, de fato, a fonte da autoridade que imanava daquelas páginas. Não apenas por ser rei, mas também por ter transformado a corte em um centro educacional e artístico. Tal transformação não era uma novidade. Carlos trilhava os caminhos abertos pelos reis visigodos e anglo-saxões e mesmo pelos predecessores, os merovíngios, em cujas cortes escreviam-se textos religiosos e deliberava-se sobre questões teológicas, fomentando uma cultura escrita capaz de combater o paganismo e suas "superstições". No entanto, em nenhum deles o patronato das letras e das artes atingiu a escala proporcionada pelos carolíngios. Na virada para o século IX, o reino tornou-se o destino para o qual convergiram numerosos letrados, não só da *Francia*, como também da península ibérica, das Ilhas Britânicas, da Lombardia. Sede para a realização de assembleias e julgamentos, a corte carolíngia era um centro de promoção do ensino das chamadas sete artes liberais – formadas pelo *Trivium*, isto é, Retórica, Dialética e, sobretudo, Gramática; e o *Quadrivium*, cujo conjunto era composto por Aritmética, Geometria, Música e Astronomia –, além de poesia, História, comentários bíblicos, textos jurídicos, vidas de santos. Assim ganhou forma uma exuberante cultura manuscrita, sobretudo após a corte, até então itinerante, fixar-se na cidade de Aachen (Aix-la-Chapelle, em francês; Aquisgrana, na versão aportuguesada), em 794, onde contaria com um *scriptorium* e uma biblioteca. Não obstante o predomínio da oralidade sobre a vida social, o livro contava com elevado estatuto cultural, especialmente como objeto litúrgico: salmos e Evangelhos davam forma às missas celebradas conforme prescrevia o modelo romano. Os manuscritos eram ricamente adornados com cenas de passagens bíblicas, retratos dos apóstolos e simbolismos diversos. Porém, a lista de textos acumulados sobre as estantes de Aachen não era dedicada somente à religião cristã. Havia um significativo interesse em autores pagãos, como Terêncio, Lucano, Juvenal, Horácio, Cícero e Salústio – embora os nomes greco-romanos constituíssem parcela minoritária no acervo textual, que era então dominado por cópias de textos da Patrística, como os escritos por Agostinho, Jerônimo e papa Gregório I, e pela exegese bíblica. E como a Coroa buscava, entre os eruditos da corte, os bispos e os abades de que o reino necessitava, o modelo da igreja ou do mosteiro como centro de ensino e de produção de livros era levado pelas novas lideranças eclesiásticas para as províncias onde se instalavam. Foi assim com as abadias de Lorsch, Saint-Denis e Fleury, com as igrejas de Tours, Salzburg, Lyon, Orléans, entre outras.

Representação do apóstolo Lucas em um Evangelho Carolíngio composto, provavelmente, em Mainz entre 825 e 850.

A corte ocupava uma posição de vanguarda na elaboração da cultura escrita, mas os carolíngios colocaram em movimento um amplo conjunto de iniciativas para assegurar que em todas as partes do reino vigorasse o uso de textos contendo a autoridade cristã. Tanto os reis quanto os aristocratas locais agiram para que textos-chave da tradição estivessem em posse de igrejas e de mosteiros. Tal promoção da cultura escrita seria conhecida como "Renascimento Carolíngio". Ela se apoiava em uma longa tradição de cultura manuscrita, que incluía influências visigodas, anglo-saxãs, irlandesas, lombardas, romanas. A difusão transcorria como um processo religioso, como restauração da moral e das crenças cristãs, que deveriam ser amplamente ensinadas. Para isso, os carolíngios ordenaram que escolas fossem mantidas em mosteiros e catedrais para assegurar a formação do clero. O grande modelo era a escola da corte, para a qual os reis recrutavam eminentes eruditos e de onde partiam os homens que implementariam escolas nas províncias do reino. Particularmente numerosas e influentes eram as escolas monásticas, que educavam futuros monges, mas também filhos e filhas da aristocracia laica. Mais desafiadoras eram a criação e a manutenção de escolas no interior das paróquias, onde se dava a formação religiosa dos extratos mais baixos da população – essa responsabilidade era atribuição dos bispos, que, em muitos casos, alegavam não possuir os recursos necessários. A educação era voltada para o latim formal, embora a época carolíngia tenha sido o palco de uma mudança linguística notável: a passagem de uma sociedade que tinha o latim como língua cotidiana para uma sociedade falante de línguas românicas. Não obstante se distanciar do dia a dia das populações, o latim proporcionava a formação de redes intelectuais de longo alcance, que se estendiam da Irlanda ao Ducado romano, da *Hispania* à Turíngia; ele viabilizava a correspondência entre os mestres, estabelecendo conexões pelas quais circulavam notícias, ideias e livros. A mola propulsora de tal integração era o patronato da corte. Os favores régios cobriam a imensidão do reino, estendendo a artistas, escribas e mestres valioso reconhecimento, bem como as condições materiais necessárias ao trabalho. A paisagem cultural, porém, era variada e descentrada. Oriundos de diversas regiões, eruditos cultivavam contradições e dissonâncias. Um exemplo eloquente é a mencionada adoração das imagens: enquanto Agobardo (779-840), arcebispo de Lyon, aceitava que fossem honradas, Cláudio (?-827), bispo de Turim, destruía imagens e cruzes no interior de sua diocese. Outro tema que demonstra o caráter multifacetado do "Renascimento" são os estudos bíblicos. Diferentes revisões da

Bíblia latina podiam ser encontradas nas igrejas e nos mosteiros carolíngios. As revisões buscavam corrigir ortografia e gramática e, por vezes, identificar variações textuais comparando o texto, tal como foi composto por Jerônimo (347-420), com o texto grego ou mesmo hebraico. Bíblias foram preparadas em Corbie, Tours, Orléans e muitos outros lugares, embora nenhuma delas, aparentemente, tenha circulado com o aval da corte.

As mulheres no Renascimento Carolíngio

"As mulheres contribuíram para a transformação e, alguns poderão argumentar, para o desenvolvimento da cultura europeia através da sua participação no Renascimento Carolíngio. Além disso, suas atividades e as suas respostas à retórica reformadora que lhes foi dirigida ajudaram a moldar as expectativas ocidentais relativamente às possibilidades das mulheres.

As fontes carolíngias revelam não apenas muito mais sobre as contribuições culturais das mulheres do que as leituras iniciais restritas podem indicar, mas também demonstram que os seus autores tiveram em conta as atividades, o estatuto e as esferas de influência femininas ao tentar moldar o comportamento ideal das mulheres. A elite laica masculina desejava que as mulheres cumprissem estes deveres, porque eles ajudavam a manter e moldar a cultura que tornava os indivíduos conscientes do estatuto aristocrático nos outros e em si próprios. O acesso incomparável e a grande responsabilidade das mulheres pelos membros das famílias medievais deram-lhes oportunidades frequentes de ajudar a moldar o comportamento das crianças, dos homens jovens, de outras mulheres, de servos e outros inferiores e, por vezes, de seus homólogos masculinos. As mulheres aristocráticas carolíngias desempenhariam um papel substancial nas reformas religiosas dos séculos VIII e IX – um papel até pouco tempo subvalorizado, porque se encontra no pano de fundo das fontes contemporâneas, invisível quando os estudiosos não o procuram."

(GARVER, Valerie L. *Women and Aristocratic Culture in the Carolingian World*. Ithaca: Cornell University Press, 2009, pp. 280-81; tradução minha).

O século IX ocupa um lugar de destaque para a formação da cultura medieval. A produção de manuscritos alcançou níveis ainda maiores: no mundo latino, dos 800 anos precedentes, chegaram a nós cerca de 1.800 itens, inteiros ou fragmentados, enquanto a cifra sobe para 7.000 considerando exclusivamente o século IX. Se nos voltarmos para a correspondência trocada por prelados desse período, encontraremos evidências de que havia intensa circulação de livros e de letrados no interior do Império Carolíngio. A busca por obras autênticas ou por cópias redigidas com a clareza da "minúscula carolíngia" – uma ortografia criada na corte, mais uniforme e arredondada, dotada de espaçamentos e pontuações mais nítidos – raramente era levada adiante de modo isolado ou individual. Era preciso mobilizar uma rede de contatos, sondando diversos bibliotecários, copistas e catálogos de obras. Não se tratava de tarefa simples, muito menos barata. Ao contrário. A produção de livros era atividade custosa, que exigia o acesso a suprimentos regulares de pergaminhos – que, por sua vez, implicava a existência de um processo cuidadoso e contínuo de transformação de peles de animais em superfícies adequadas para a escrita. Em certos casos, sobretudo em mosteiros menores, onde atuavam escribas, mas não havia *scriptorium*, era possível que tal processo fosse realizado na própria localidade, à custa dos rebanhos eclesiásticos. Todavia, não se pode excluir a possibilidade de que pergaminhos fossem obtidos em grandes montantes por meio de rotas comerciais de longa distância. Afinal, o envolvimento mercantil se impunha ainda sobre monges e padres para o acesso a outras matérias-primas. Caso dos pigmentos aplicados para a elaboração de iluminuras e adorno dos manuscritos e que eram obtidos em lugares distantes da Europa ou mesmo do Oriente asiático. Com efeito, era a corte carolíngia que, através da concessão de terras, prerrogativas fiscais e isenções, assegurava a mosteiros e a igrejas reservas suficientes de riqueza para fomentar e disseminar essa cultura livresca.

A atuação da corte, no entanto, alcançava muito além do embasamento econômico dessa cultura material. Ela gerava um patrimônio intelectual próprio, singular e marcado por tensões com a Igreja. Assim foi no contexto da iconoclastia: enquanto Carlos Magno – baseando-se em uma controversa cópia latina das atas do Concílio de Niceia (787), que restabelecera o culto às imagens em Constantinopla – atacava as decisões conciliares, o papa, Adriano I, contrapunha-se, por uma longa carta, aos *Livros carolinos*. Esse cenário de vozes dissonantes permaneceria no século IX. Um exemplo emblemático consiste na trajetória de João Escoto Erígena (810-877). Nascido na Irlanda, Erígena migrou para a *Francia* e em algum momento entre 840 e 847, instalou-se na corte de Carlos, o Calvo (823-877) – neto de Carlos Magno. Tendo sido convidado por figuras do alto clero a refutar os erros em torno da doutrina da predestinação das almas à salvação, Erígena viu suas ideias condenadas nos Concílios de

Valence (855) e Langres (859). As condenações, porém, não o impediram de ensinar a filosofia neoplatônica na corte e de compor sua obra máxima: o igualmente controverso livro *Periphyseon*, que receberia o título de *Sobre a divisão da natureza*, composto nos anos 860, sob a proteção do rei e a preocupação do papa Nicolau I (c. 820-867). Fica claro que *o favorecimento monárquico fazia uma enorme diferença na organização da Igreja: da acumulação de patrimônio ao plano propriamente teológico.*

UM SÉCULO OBSCURO?

Durante muito tempo, o século X figurou na historiografia como uma era obscura, um século de ferro na história da Igreja. De modo geral, a narrativa era essa. A morte do imperador Carlos, o Gordo (839-888), selou o fim do Império Carolíngio. Sem herdeiros legítimos e enfrentando rebeliões, o último descendente de Carlos Magno foi deposto em 887 e faleceu em janeiro do ano seguinte. Extinguiu-se a linhagem que, por mais de um século, realizou uma monumental obra política: sustentar um governo centralizado, capaz de dirigir e controlar as ambições de elites diversas. O fim da dinastia foi como o estouro de uma represa: sem a contenção de um Estado, a busca dos aristocratas pelo poder jorrou sobre toda a Cristandade. Em poucas décadas, a fragmentação política e jurídica se impôs. Prerrogativas antes reservadas aos carolíngios – como dizer a justiça, controlar taxações e conduzir a guerra – foram apropriadas por magnatas regionais. Já não era mais possível falar em uma ordem pública. A ascensão da aristocracia significou uma transferência do poder do palácio monárquico para os castelos, onde tudo era tratado como patrimônio dos senhores locais. Para a Igreja, a instalação das elites feudais como classe dirigente da vida cristã significou o início de uma era de decadência e declínio das instituições eclesiásticas. Sem a proteção de um Estado centralizado, clérigos e monges se viram entregues ao jugo feudal. Expropriações de terras, coerção fiscal, controle sobre a investidura de bispos e abades: a Igreja estava em poder dos laicos, que a desfiguravam, assim como desfiguravam a ordem pública. Embora tenha variado de região para região e contado com diferentes cronologias em sua implantação, tal foi o quadro predominante sobre todo século X. Embora contenha uma série de aspectos relevantes e pertinentes, essa narrativa tem sido atenuada pelos historiadores.

Antes de nos lançarmos a comparações entre momentos históricos, é preciso tentar compreender o "século obscuro" nos seus próprios termos, em sua singularidade. Vejamos um ponto de partida: a corte imperial. Cerca de 70 anos após a deposição de Carlos, a Coroa imperial foi colocada sob as têmporas de Oto I (912-973), o proeminente líder de uma linhagem saxônica. Contudo, diferentemente dos carolíngios, os otônidas – a dinastia de Oto – não estabeleceram uma sede para o governo; não houve outra Aachen. Sem uma sede, é provável que a corte não tenha contado com um *scriptorium* e uma biblioteca. Com isso, vai se formando a imagem de uma corte que não exercia o patronato de eruditos como sua predecessora carolíngia. No entanto, antes de abraçarmos a certeza de que lidamos aqui com uma época de menor importância para uma História das ideias e da religiosidade cristãs, é preciso ampliar nossa observação sobre o período. Vejamos. A corte otônida era itinerante. Estava sempre em movimento. O rei e seu séquito se deslocavam por diferentes cidades, onde arbitravam conflitos, outorgavam privilégios, convocavam exércitos e, não menos importante, participavam de celebrações e festividades. A característica dominante é, portanto, a mobilidade. Eis a dimensão da organização social para a qual temos de nos voltar, pois nela se inseria a própria Igreja. Clérigos e monges, bispos e abades estavam em constante movimento no interior desse império restaurado. Observe-se o caso de Odo (c. 879-942), segundo abade de Cluny. Ingressou aos 19 anos no mosteiro de São Martinho, na cidade Tours, onde se tornou cônego; em seguida, estabeleceu-se em Paris, local em que estudou dialética e música sob a liderança de Remígio de Auxerre (c. 841-908), um importante gramático. Retornou a Tours, onde renunciou ao canonicato e adotou o hábito monástico, dirigindo-se ao mosteiro de Baume, assumindo a escola monástica. Em 927, foi eleito abade. A itinerância, porém, não cessou, ao contrário. Nos anos seguintes, Odo recebeu numerosas solicitações da alta aristocracia para implementar os usos e os costumes cluniacenses em casas religiosas afundadas na corrupção do clero e no desregramento dos monges. Em 931, o conde de Orléans o incumbiu de restaurar a pureza e a idoneidade da abadia de Fleury, uma instituição antiga e orgulhosa de ser protegida pelo rei da *Francia* – que consentiu com a iniciativa. Em seguida, passou por Sens, Angoulême, Clermont, Tours, Lézat, Sarlat. A reputação de Cluny cruzou os Alpes e chegou a Roma, para onde Odo viajou duas vezes, encarregado de estabelecer a disciplina cluniacense nos mosteiros de São Paulo Fora dos Muros e de Santa Maria *in Aventino*. Nem sempre bem recebida, sua concepção da vida monástica foi rechaçada na abadia italiana de Farfa e acolhida em Sens de forma efêmera – os focos de resistência indicando que sua atuação transcorria por mais de mil quilômetros de distância. Seu falecimento, enquanto retornava da terceira viagem à península itálica, converte sua morte no símbolo que captura um traço essencial do monasticismo de Cluny: restaurar comunidades eclesiásticas era obra que se cumpria ganhando a estrada e percorrendo diferentes paisagens.

É preciso ver na itinerância uma prática cultural, que contém em si mesma valores, princípios e postulados específicos. No caso dos abades de Cluny, ela deixa entrever certa compreensão sobre a atribuição de papéis sociais. Por si mesma, ela exprime a lógica de que monges deveriam renunciar ao mundo, sem, contudo, dar-lhe as costas; que a vida contemplativa não devia ser encarada com indiferença a respeito do estado das relações sociais vigentes. À medida que viajava e atendia aos apelos pela restauração do modo de vida eclesiástico, Odo também retocava o lugar a ser ocupado pela aristocracia laica, isto é, como um patrono eclesiástico do qual os abades poderiam esperar certa cooperação ao estipular a correta ordem dentro dos muros monásticos. Tais características se acentuaram nas décadas seguintes. O abade Maiolo (c. 906-994) percorria com frequência os domínios de Cluny, então vastos graças às 188 doações de posses realizadas por aristocratas no tempo de Odo. Visitava as dezenas de casas que adotaram costumes e usos cluniacenses. Nós o encontraremos na corte de Oto I e da rainha Adelaide (c. 931-999). Maiolo viajou ao menos cinco vezes para a Itália, encontrando-se com o casal imperial e o papa. Manteria relações próximas com a corte imperial que lhe renderiam influência no norte itálico, região então integrada ao Império Germânico. Em 994, Oto III (980-1002) subscreveria a investidura do novo abade de Cluny, assim como o abade compareceria às eleições imperiais que acontecessem nas primeiras décadas do século XI. A tal altura dos fatos, dois aspectos emergem com nitidez. Primeiramente, que a corte, em sua itinerância, favorecia a difusão dos ideais cluniacenses – sobretudo a convicção de que a Igreja estava tomada pela corrupção do clero e pelo desregramento dos monges, de modo que apenas uma vida de orações, castidade e pobreza voluntária anularia as fontes dos vícios que assolavam a Cristandade. Em segundo lugar, que a riqueza senhorial – fluindo das mãos da realeza ou de doações aristocráticas – era o alicerce das criações artísticas e arquitetônicas lideradas por Cluny. A história cluniacense foi caracterizada, desde muito cedo, pela crescente complexidade das estruturas materiais e espaciais necessárias à manutenção do estilo de vida dos monges. Dedicada em 927, a abadia começaria a receber nova estrutura em 955, tornando-se um complexo arquitetônico imponente, capaz de abrigar os numerosos rituais cluniacenses, em especial as procissões litúrgicas perante o altar. Por meio da arquitetura, abadias como Cluny conferiam ao espaço um forte simbolismo teológico, uma topografia sagrada em que o trânsito do pórtico para o altar representava o trânsito da alma do mundo para a iluminação pela trindade. Erigidas nos mosteiros, as tumbas dos santos realçavam a dimensão imaterial do espaço, o poder invisível com que coabitavam os monges; traço realçado ainda com a colocação de trabalhos em metais preciosos e afrescos. Espalhando-se, sobretudo, na fronteira entre a *Francia* e o império, as abadias beneditinas emulavam a majestade de Cristo por meio de esculturas, relicários, iluminuras e colunatas: a pujança e o brilho como manifestações da autoridade e da glória do Salvador.

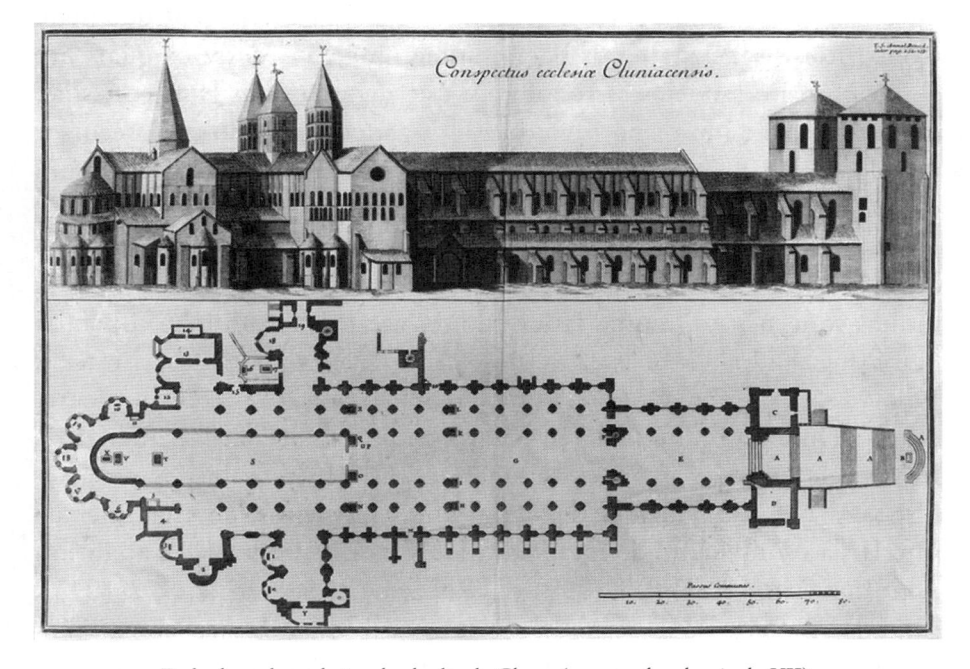

Fachada e planta baixa da abadia de Cluny (em meados do século XII), segundo gravura de Pierre Giffart (1643-1723).

Impulsionada pela corte imperial, a mobilidade também marcou a realidade social do clero secular. O posto de bispo era confiado a homens acostumados a se deslocar pela Cristandade, desde sua formação clerical até o exercício do episcopado. O caso mais conhecido é o de Gerberto de Aurillac (c. 945-1003). Nasceu no Auvergne, onde foi educado em um mosteiro que havia sido restaurado pelo abade de Cluny, Odo. Em algum momento nos anos 960, Gerberto foi o escolhido para acompanhar o conde de Barcelona de volta à *Hispania*, instalando-se na cidade de Vich – estamos aqui na fronteira entre a Cristandade e o Islã. Lá, passou os anos estudando "matemática" – nome que, provavelmente, compreendia as artes do *Quadrivium*. Em 970, tendo acompanhado o conde a uma viagem para Roma, Gerberto instalou-se junto ao séquito papal. A nova estadia, no entanto, não durou muito. Em Roma, foi apresentado pelo papa a Oto I, que o levou para sua corte, à época situada em Ravena. O contato com a corte transformou sua biografia, que se tornou, então, uma sucessão de papéis eclesiásticos: a princípio, foi investido abade do prestigioso mosteiro de Bobbio, na Itália; em seguida, arcebispo de Reims, na Gália; arcebispo de Ravena; e, por fim, papa com o nome de Silvestre II. É, comumente, considerado o maior intelectual de então. Construtor de instrumentos para a aprendizagem – entre os quais um ábaco próprio, modelos astronômicos que incluíam um globo celestial, um planetário e um dispositivo que pode ser considerado um precursor do telescópio –, Gerberto fazia uso de números arábicos, algo incomum no Ocidente, e recorria a diferentes formas de representação da Terra. Ele difundia um conhecimento obtido em muitas frentes de experiência: desde o contato com a cultura muçulmana na península ibérica até as muitas conexões no mundo latino, juntos às quais ele obtinha cópias de livros diversos: não apenas da tradição cristã, mas também de Aristóteles, Júlio César, Virgílio, Boécio, Plínio, Horácio, Cícero, Terêncio, dentre outros. Durante os 24 anos em que foi mestre da escola catedralícia de Reims, ele ensinou as artes matemáticas a 13 futuros bispos ou arce-bispos, a 6 futuros abades de importantes mosteiros, ao chanceler de Oto III, ao conselheiro do imperador Henrique II (973-1024), ao futuro pontífice Gregório V (972-999) e a Roberto, o Piedoso (c. 972-1031), filho do rei franco. Gerberto não foi um caso isolado, excepcional, mas o mais evidente de como o conhecimento circulava entre o alto clero medieval e os altos extratos da aristocracia.

Hrotsvitha de Gandersheim (935?-973?)

"Nascida na quarta década do século X, Hrotsvitha viveu e escreveu na abadia de Gandersheim, na Saxônia, durante a idade de ouro da abadia sob o governo de Gerberga I. O seu nome, que ela traduz como '*clamor validus*' (Forte Testemunho), expressa a sua missão poética de glorificar os heróis da Cristandade, tanto seculares como religiosos, e ecoa, talvez até num sentido milenarista, escatológico, a identificação bíblica de João Batista, padroeiro da sua abadia, como '*vox clamantis*' (voz que chama ou proclama). Seus heróis são os Otos e toda a dinastia Liudolfina, bem como os santos e os mártires do cristianismo. Escrevendo em latim, principalmente em hexâmetros leoninos e em prosa rítmica rimada, Hrotsvitha escolheu materiais hagiográficos predominantemente dos primeiros séculos cristãos para suas lendas, peças e eventos contemporâneos e quase contemporâneos para seus épicos.

Suas obras estão dispostas em três livros, organizados genérica e cronologicamente e delineados como tal por materiais introdutórios, programáticos e dedicatórios. O Livro Um contém as oito lendas: *Maria*, *Ascensio*, *Gongolfus*, *Pelágius*, *Basilius*, *Teophilus*, *Dionysius* e *Agnes*. O Livro Dois contém os seis dramas, baseados, formalmente, ela afirma, na comédia terenciana, cujos poderes miméticos moralmente perigosos, mas esteticamente atraentes, ela desejava substituir pelos ideais gloriosos e moralmente benéficos da Cristandade virginal militantemente casta. Ela escolhe a forma dramática, argumenta, porque a doçura do estilo e da expressão de Terêncio atraiu muitos leitores (não sofisticados) que, por sua vez, foram corrompidos pela maldade do seu tema. É em contraste com esses leitores que Hrotsvitha se apresenta como uma leitora privilegiada, capaz, sofisticada, disposta a enfrentar os perigos da corrupção para cumprir a missão programática do seu nome, e dar testemunho eficaz, persuasivo, mas também agradável, por Cristo, o cristianismo e o mundo do monasticismo.

De suas seis peças, duas (*Gallicanus* e *Calimachus*) são de conversão; duas (*Abraham* e *Paphnutius*) retratam a salvação de prostitutas arrependidas; e duas (*Dulcitius* e *Sapientia*) tratam do martírio de três virgens alegóricas durante as perseguições de Diocleciano e Adriano, respectivamente. Seus dois épicos existentes, por fim, narram a ascensão da dinastia otoniana (*Gesta Ottonis*) e a fundação da abadia de Gandersheim (*Primordia*). Ao longo de todas as suas obras, Hrotsvitha exalta os ideais do cristianismo monástico (especialmente eremítico) e exorta seu público e leitores a imitar e emular seus modelos e exemplos santos."

(BROWN, Phyllis R.; MCMILLIN, Linda A.; WILSON, Katharina M. (eds.). *Hrotsvit of Gandersheim*: Contexts, Identities, Affinities, and Performances. Toronto: University of Toronto Press, 2004, pp. 3-4; tradução minha).

DISPUTANDO O SAGRADO

Uma característica que marcou o século XI foi sua transformação em palco das disputas em torno da Eucaristia – o rito que celebrava a ressurreição e a morte de Cristo e pelo qual os fiéis ingressavam em comunhão com Deus –, mais especificamente sobre o realismo eucarístico. Isto é, se o corpo e o sangue de Cristo estavam realmente presentes no pão e no vinho após a consagração pelo sacerdote ou se sua presença era meramente simbólica. Em 1050, o papado julgara a matéria ao condenar como herege um cônego e mestre-escola da cidade de Tours, chamado Berengário (1000?-1088). Fiando-se pelo postulado de que as verdades da fé deviam ser formuladas em termos racionais, o cônego submeteu o mistério da presença real de Deus ao crivo da lógica dialética. Foi sob esse prisma que ele chegou ao postulado de que uma mudança da substância – como ocorria na transformação do pão e do vinho em corpo e sangue – era impossível sem que as características acidentais de ambos – as propriedades pelas quais sua existência se realizava, ocorria – fossem também transformadas. Ora, os aspectos acidentais do pão e do sangue se mantinham, o que levava à conclusão de que não ocorria a geração do corpo e do sangue de Cristo. Segundo o cônego, portanto, Cristo estava presente figurativamente no sacramento do altar. A imagem beatífica associada aos elementos da consagração mantinha somente uma relação de similitude com Jesus. Essas ideias foram examinadas em Roma, em um concílio reunido em 1050, que excomungou Berengário e convocou-o a comparecer a uma nova assembleia, que ocorreria em Vercelli naquele mesmo ano. O segundo exame confirmou a decisão tomada em Roma e manteve a excomunhão. Berengário não recuou. Continuou em defesa de sua compreensão durante os anos seguintes. Em 1054, um novo sínodo, agora reunido na própria cidade de Tours, impôs uma abjuração: o controverso cônego jurou acreditar profundamente que o pão e o vinho do altar eram corpo e sangue de Cristo, e recebeu a ordem de comparecer a Roma para justificar-se e retratar-se. As ideias de Berengário causaram viva reação por parte do papado, de modo que seria um equívoco considerá-las uma minúcia teológica ou uma questão restrita à História da filosofia, sem maiores consequências para as relações entre a instituição e a sociedade. Os impasses e as tensões envolvendo a disputa em torno da Eucaristia não devem ser encarados como um assunto ignorado pela maioria do mundo latino, distante da existência concreta das populações medievais, já que aparentemente confinado às opiniões de uma elite clerical a respeito do dogma e da crença. Tratou-se, de fato, de uma questão repleta de consequências que afetavam as maneiras de existir de diferentes grupos do mundo medieval. Havia muito mais em jogo para a Igreja medieval do que simplesmente a definição dos significados de um ritual. Uma prova cabal disso estava no fato de o realismo eucarístico impulsionar, simultaneamente, outra fonte de tensões: o relacionamento com a Igreja de Constantinopla.

A Eucaristia como prática cultural na Idade Média Central

"A Eucaristia na Idade Média europeia era um evento multimeios. Antes de mais nada, foi um drama, um espetáculo, uma liturgia. Os líderes da comunidade, vestidos com trajes luxuosos, realizavam um ritual sagrado e solene considerado essencial para a salvação da comunidade. A música acompanhava as palavras místicas desconhecidas pela maioria dos participantes. Especialmente se a liturgia fosse realizada numa catedral, o cenário em si era impressionante e talvez até avassalador para os visitantes de aldeias e vilarejos que pontilhavam a paisagem agrícola. Impressionantes estátuas, pinturas, esculturas e cantarias decoravam edifícios enormes brilhando com vitrais. Subjacentes e apoiando a liturgia, a arte e a arquitetura estavam em um mundo cuidadosamente construído de pensamento e crença. No centro dessa crença, estava o fato de que o salvador do mundo, o próprio filho de Deus, se encontrava de alguma forma realmente presente no pão e no vinho consumidos no ritual. Teólogos em Paris e outros centros de ensino poderiam debater como exatamente isso seria possível, mas, para o crente comum, o que importava era a presença. As crenças populares, transbordando para o mágico, celebravam essa presença em festas, procissões, visões, e veneravam os milagres resultantes da presença de Cristo na Terra. A lei da Igreja regulamentava até que ponto tal prática poderia ir, bem como quem tinha permissão para realizar a liturgia, e como e quando ela poderia ser realizada. Imensas riquezas foram doadas para homenagear e ornamentar este ato cristão mais central."

(LEVY, Ian Christopher; MACY, Gary; VAN AUSDALL, Kristen (eds.). *A Companion to the Eucharist in the Middle Ages*. Leiden: Brill, 2012, p. 1; tradução minha).

Enquanto aguardava o dialético de Tours se apresentar em Roma, o papa Leão IX (1002-1054) provavelmente se inteirava das notícias que chegavam do leste. Em 1052, o patriarca grego Miguel Cerulário (c. 1000-1059) ordenou que igrejas e mosteiros latinos fossem fechados em Constantinopla. Formalmente, a decisão decorria de sérias diferenças litúrgicas: os latinos celebravam a Eucaristia com um pão ázimo, isto é, não fermentado; jejuavam aos sábados na Quaresma; nessa mesma etapa do calendário cristão, omitiam o "aleluia"; entre outras práticas depreciadas pelos cristãos gregos. Informalmente, o patriarca parecia reagir ao fechamento de igrejas e mosteiros gregos por normandos, que eram, à época, conquistadores do sul da península itálica. No entanto, a busca de Cerulário pela uniformidade litúrgica deve ser situada em meio às muitas relações e contatos entre as Igrejas de Roma e de Constantinopla. O alcance das tensões não deve ofuscar o fato de que a circulação de homens e ideias religiosas mantinha-se intensa entre o Ocidente e o Oriente. E foi no bojo dessa circulação que, no verão seguinte, o arcebispo de Ócrida (na Bulgária) enviou diferentes cartas aos latinos, nas quais os exortava a corrigir a maneira pela qual os ritos romanos eram realizados, especialmente a Eucaristia. Uma dessas cartas, que se apresenta como sendo dedicada a um bispo itálico – cuja identidade não é certa – e ao próprio papa alcançou a Cúria Romana e foi traduzida pelo cardeal Humberto de Silva Cândida (1000?-1061). É, então, que a carta assume novo formato. Na versão em latim, ela surge com um duplo remetente: assinada pelo arcebispo de Ócrida e pelo próprio Cerulário na condição de "patriarca universal da Nova Roma". É provável que a dupla assinatura já bastasse para transformar o significado atribuído à carta: ela deixava de ser um possível pedido fraternal de correção oriundo de um bispo oriental e tornava-se uma declaração de competência hierárquica de Constantinopla sobre Roma. Nas cartas redigidas como réplicas, o papa Leão IX insistiria na supremacia da Sé Romana, declarada superior em termos espirituais (por ter sido fundada pelo apóstolo Pedro) e mesmo temporais (por ter recebido as terras ocidentais através da Doação de Constantino), mencionaria a incrível audácia e arrogância de Cerulário e os erros em que incorriam os gregos. Deste ponto em diante, transcorre uma espiral de tensões – e da circulação de novos textos – que culminaria com o envio de uma missão papal ao coração do Império Bizantino, muito provavelmente com o propósito de, entre outros assuntos, selar uma aliança com o imperador e conduzir Miguel à obediência. Liderada pelo próprio cardeal Humberto, a missão decretou a excomunhão de Cerulário, arrolando um vasto leque de transgressões, que incluía desde a simonia até a acusação de rebatizar os batizados; da aceitação de sacerdotes casados à recusa do "Filioque" no credo cristão – isto é, adotar como profissão de fé a máxima de que o Espírito Santo provinha de Deus Pai "e do filho" (*Filioque*). Pouco tempo depois, quando o cardeal e seus companheiros haviam partido de volta para Roma, o patriarca reuniu um concílio e revidou: excomungou Humberto e os integrantes da missão latina.

Há tempos, historiadores discutem o significado histórico do que se passou naquele ano de 1054. As interpretações são diversas. Abarcam, por um lado, a certeza de que a mútua excomunhão decretou o "Cisma do Oriente": teria sido então que a separação entre católicos (latinos) e ortodoxos (gregos) tomou forma. Por outro, na ponta oposta do leque de interpretações, encontramos a conclusão de que os eventos não passaram de uma disputa restrita ao alto clero, sem repercussão alguma no cotidiano das populações a leste e oeste do Mediterrâneo. Há quem afirme que a mútua excomunhão foi o derradeiro capítulo de uma série de atritos insuperáveis acumulados ao longo da Antiguidade Tardia e dos primeiros séculos medievais; em contrapartida, não falta quem enxergue em tal evento um ponto de partida: o início de um antagonismo irreparável entre Ocidente e Oriente que seria consumado com as cruzadas, especialmente com a chamada Quarta Cruzada (1202-1204), cujos combatentes saqueariam Constantinopla. Há inclusive quem sustente que o Cisma não deve ser visto como uma simples oposição entre gregos e latinos, pois seria um capítulo de uma história maior de contatos e conexões do mundo mediterrânico. Trata-se de um debate acalorado, a respeito do qual não há consenso.

Com estas páginas, não se busca sanar tais divergências. O objetivo, aqui, é chamar atenção para um traço que, à primeira vista, pode parecer secundário, mas que se revela incontornável para todas essas narrativas: o papel central da disputa sobre a Eucaristia. Tanto nas cartas gregas quanto nas latinas (incluindo as excomunhões), o tema do emprego do pão ázimo ou do pão fermentado no sacramento do altar é uma controvérsia recorrente. Seria equivocado considerar essa disputa mero pretexto discursivo para uma luta política entre duas igrejas medievais, pois *deter a prerrogativa para dizer o que era a Eucaristia e como realizá-la apropriadamente possuía numerosas implicações sobre o cotidiano cristão. Deter tal autoridade era apresentar-se como responsável pelo contato imediato entre os fiéis e Deus.* Estava em jogo uma visão a respeito da posição social do sacerdócio latino, de sua autoafirmação como o elo inquebrantável a unir a existência do povo cristão à graça divina. Assegurando o realismo eucarístico, o papado alcançava dois feitos: por um lado, ele reforçava a identificação das comunidades cristãs com um sagrado tangível, sensorial e vigoroso, que jorrava sobre os fiéis a partir de uma abertura mantida neste mundo e que conferia acesso à natureza divina; com isso, reforçava o papel da Igreja como uma malha de lugares onde ocorria uma participação direta nos desígnios de Deus. Por outro, expressava uma consciência a respeito da posição ocupada pelos latinos no panorama global do cristianismo medieval, na medida em que se acreditava que era entre os ocidentais que a presença de Cristo assumia uma importância real, tornando-se o centro de um sistema de crenças que mediava o perdão e a salvação.

Não foi o acaso ou a simples coincidência que fez a condenação de Berengário de Tours ocorrer simultaneamente à tensão com Constantinopla: ambos os casos se tornaram cruciais porque, ao negar a realidade da transubstanciação, eles fragilizavam a capacidade do sacerdócio latino de cumprir o papel de instância capaz de ordenar a existência por ser a detentora de uma prerrogativa que o próprio Deus se encarregara de renovar a cada missa. A defesa romana da presença real de Cristo na Eucaristia remete ao cerne de uma cultura em que se estabelecia uma relação especular entre a comunhão espiritual e a comunidade material. A vida em sociedade estava para a autoridade sacerdotal assim como o pão e o vinho estavam para o sacramento eucarístico: eram matérias a serem transformadas pela voz do sacerdócio. Isso nos ajuda a entender por que a controvérsia eucarística se tornou uma disputa a respeito do legítimo modelo do clérigo cristão. Na sentença de excomunhão lavrada contra Miguel Cerulário, Humberto acusaria os gregos de fomentarem a simonia; de admitir homens castrados como padres; de tolerarem o casamento clerical; de recusar o batismo de crianças e pagãos; de recusar a comunhão com eclesiásticos latinos, porque raspavam a barba, que, segundo os gregos, era prescrita pela tradição apostólica. A mútua excomunhão pode não ter provocado a fissura entre Ocidente e Oriente, mas ela retratava a autoafirmação do papado como guardião máximo da autoridade sacerdotal e, como tal, como o depositário do poder de ordenar a vida cristã. Tal autoafirmação transcorreria ao longo da segunda metade do século XI, com o papado encampando o modelo de uma Igreja que era, prioritariamente, composta pelo clero secular – empurrando o monasticismo para um segundo plano.

Outro domínio da vida social a sofrer as consequências práticas da afirmação do realismo eucarístico foi o das atitudes da Igreja perante a sexualidade. A crença de que os sacerdotes latinos tocavam e erguiam, perante os fiéis, a presença real do corpo e do sangue de Cristo quando celebravam a Eucaristia amplificou as exigências reformadoras acerca da pureza da vida clerical. Uma das principais medidas estipuladas pelo papado e por seus aliados reformadores para garantir que os padres se mantivessem puros para o momento em que realizariam a comunhão entre as almas e o Cristo consistiu na defesa intransigente do celibato. Nós estamos acostumados a encarar o celibato como uma característica básica da hierarquia católica, como se ele houvesse sido sempre sua realidade. Não foi o caso. Há evidências suficientes de que o casamento eclesiástico foi amplamente difundido nos primeiros séculos do cristianismo, quando os padres casados serviam à Igreja juntamente aos solteiros. Embora o ideal de virgindade clerical tenha ganhado força no século III, sobretudo a partir do século IV, o matrimônio eclesiástico ainda vigorava como um laço lícito e indissolúvel – mesmo que os papas, apoiados na tradição escrita e inspirados pelo modo de vida dos ascetas cristãos, decretassem que padres estavam proibidos de manter relações sexuais com suas esposas. Apesar da crescente pressão exercida pelos pontífices sobre o casamento sacerdotal, numerosos casos de clérigos casados continuaram a ser registrados. Nos séculos seguintes, em meio à elaboração de legislações cada vez mais severas nos concílios cristãos – que ordenavam, por exemplo, que os padres se separassem de suas esposas no momento da ordenação; ou, ainda, que os filhos dos clérigos fossem transformados em servos das igrejas –, vigorou uma tensa coexistência entre as normas instituídas pelas elites eclesiásticas, a respeito da castidade dos sacerdotes, e a realidade reincidente e difundida do casamento clerical. Nos séculos carolíngios, as condenações do alto clero franco quanto ao envolvimento dos sacerdotes com mulheres não impediram que o próprio papado aceitasse o fato socialmente incontornável de que muitos homens ordenados permaneciam casados, outros se casavam publicamente após a ordenação. Tal tolerância manteve-se de muitas formas: as leis que classificavam esses casamentos como ilícitos não os declaravam nulos, deixando exposta uma brecha para seu reconhecimento como válidos. No século X, enquanto as lideranças eclesiásticas deflagravam ruidosas campanhas para expulsar os homens casados do clero, a realidade muitas vezes silenciosa da difusão das paróquias se deu com as igrejas colocadas sob o comando de homens que possuíam esposas e filhos: sobretudo nas áreas rurais, a constituição de famílias clericais surgia como um pilar da administração do patrimônio eclesiástico e do *status* elevado da vida sacerdotal. Essa realidade foi transformada no século XI. Sob a liderança do papado, a abolição do casamento e da vida sexual do clero se tornou tema de campanhas reiteradas e de grande abrangência geográfica. A descrição ancestral da sexualidade como uma fonte de poluições para o sacerdócio foi retomada e amplificada como nunca, pois, agora, surgia assimilada a ideais radicalizados a respeito da separação entre o clero e os laicos. No cerne dessa separação, encontramos o realismo eucarístico. Os papas e seus aliados asseguravam que as mãos que realizavam a transformação do pão e do vinho em corpo e sangue de Cristo deveriam ser castas, protegidas de toda forma de contaminação que vigorava no mundo através dos laicos, especialmente a sexualidade.

Aos olhos dos reformadores, além de um atributo laico, a sexualidade era uma característica sobremaneira feminina. Com efeito, as mulheres figuram nos discursos que perpassavam o papado como uma fonte de riscos para a integridade do sacerdócio. Por exemplo, segundo Pedro Damião (1007-1072?), monge e cardeal romano entre os anos 1050 e 1060, as mulheres que se relacionavam com os padres demonstravam enorme audácia ao não se horrorizarem por tocar as mãos dos sacerdotes, ungidas e acostumadas a tocar o Santos Evangelhos. Por meio dessas mulheres, prosseguia o cardeal, o diabo se alimentava da hierarquia eclesiástica, devorando os homens aos quais os cristãos haviam confiado os altares. Esse canibalismo diabólico realizado através da esposa dos sacerdotes antecipa, em muitos aspectos, os horrores que seriam atribuídos às bruxas séculos depois – com a diferença de que isso que figurava aqui como metáfora seria declarado realidade pela posteridade. Outro cardeal, Humberto de Silva Cândida, assegurava que um simples abraço às suas esposas era suficiente para contaminar as mãos que haviam sido santificadas pelo imaculado corpo de Cristo e que isso não poderia ser outra coisa a não ser uma obra de Satanás. Mas os reformadores não se limitaram a se pronunciar sobre as esposas dos padres. Como o realismo eucarístico implicava não só na separação entre clérigos e laicos, mas também na superioridade dos primeiros, aos quais competia uma vigilância moral e religiosa sobre os últimos, sua promoção ocorreu atrelada a uma série de esforços para controlar a sexualidade em termos mais amplos. *A defesa do celibato avançou de par em par com a crescente clericalização das normas a respeito do casamento e das relações familiares.* Não era tarefa simples estabelecer o que tornava um casamento legítimo e a quem era permitido casar. A Igreja nunca definiu tais assuntos precisamente, em grande medida porque exercia pouco controle sobre o casamento. Bispos carolíngios buscaram estabelecer um conjunto de regras, como a obrigação da monogamia, de que casamentos fossem realizados somente entre pessoas separadas por sete graus de parentesco e de que a união pudesse chegar ao fim apenas com o consentimento do bispo local. Na prática, as regras eclesiásticas eram ignoradas – a começar pela própria aristocracia cristã, que acatava ou deliberadamente rejeitava tais regras à luz de sua conveniência para o controle das propriedades fundiárias e da formação de alianças senhoriais. No século XI, e especialmente a partir dos anos 1050, a Igreja passou a implementar medidas mais duras – que variavam da penitência à excomunhão – contra a concubinagem, o adultério e as uniões consideradas incestuosas, isto é, que violavam os graus de consanguinidade proibidos. Progressivamente, o casamento ganhou os contornos de vínculo monogâmico, consensual e indissolúvel instaurado pela autoridade clerical. Assim, ainda que as elites medievais resistissem à implementação de tais características, encarando o matrimônio como uma estratégia social que podia ser feita e desfeita segundo as circunstâncias, o casamento ganhou cada vez mais espaço na ênfase depositada por reformadores e canonistas em uma nova hierarquia das relações sociais, cujo topo era ocupado pela autoridade eclesiástica. Esse crescente controle – que se consolidará na segunda metade do século XII – afetava as formas de reprodução social da aristocracia e, como tal, recaía diretamente sobre os papéis cabíveis às mulheres como filhas, futuras esposas, esposas e mães. Papéis exercidos de maneira frequentemente silenciosa, pois ter voz era um atributo duplamente masculino, característico do pai/esposo e do clérigo local.

Contudo, não se pode permitir que a centralidade do casamento resuma as relações existentes entre a Igreja e as mulheres. Em primeiro lugar, porque, nesse mesmo contexto do século XI, a plena implantação do feudalismo transcorreu com mulheres ocupando o posto de castelãs, de senhoras de grandes fortunas fundiárias, de proprietárias de igrejas e de detentoras de significativo poder militar. Sua importância se impunha de tal maneira que os próprios clérigos a acatavam como um fato imprescindível para a vida cristã. Em 1074, por exemplo, o papa Gregório VII se opôs à intenção da condessa da Toscana, Matilda (1046-1115), de tornar-se monja. Tratava-se da herdeira da mais poderosa casa aristocrática do centro e do norte da península itálica e uma aliada comprometida com as iniciativas reformadoras de Gregório. Não abandonar os súditos era um ato de caridade, assegurou o pontífice, que a encorajou a manter-se como uma força ativa no mundo e a aplacar seu espírito por meio da devoção à Maria e da comunhão diária na Eucaristia. Ao longo da Cristandade, mulheres como Matilda proporcionavam o suporte financeiro, as conexões sociais e as habilidades administrativas necessárias à fundação e à manutenção de comunidades religiosas, muitas exclusivamente femininas. Reformadores mantinham estreita correspondência com damas da aristocracia, junto às quais encontravam proteção e apoio. Talvez o caso mais extremo dessas relações tenha sido protagonizado por Roberto d'Arbrissel (1047-1117), um eremita e reformador que fundou uma ordem religiosa para homens e mulheres e a confiou à direção de duas viúvas. Se, por um lado, a iniciativa pode ser considerada uma experiência excepcional, um caso à parte que enfrentaria uma série de contestações e deserções masculinas após a morte de Roberto, por outro, não se pode esquecer que a nova ordem logo se multiplicou, contando com casas-filhas na França, na Inglaterra, na Espanha. Para a Igreja, descrever, bem como assimilar os papéis femininos, persistirá um desafio. Apesar da marginalização e dos formidáveis obstáculos sociais dispostos no caminho de sua realização social e profissional, as "filhas de Eva" projetavam-se sobre os espaços públicos, de modo que suas trajetórias exigiam da Igreja o reconhecimento da complexidade oculta por trás da categoria genérica de "mulheres". Numa época em que a prática médica era um ofício maciçamente masculino – dos 7.647 médicos acerca dos quais sabemos terem atuado na França após 1200, somente 121 eram mulheres (1,6% do total) –, encontraremos a presença feminina na Escola de Salerno, a mais antiga e a mais prestigiosa escola médica do Ocidente. Embora concílios medievais excluíssem mulheres das corporações de juristas que atuavam nas cortes eclesiásticas, a presença de damas da aristocracia nas cortes seculares faz-se visível nos registros feudais dos séculos XII e XIII. No contexto em que o caminho para a santidade se tornava mais pedregoso para as mulheres – entre 1000 e 1150, para cada santa reconhecida pela Igreja havia 12 santos –, elas se mostravam capazes de influenciar os mais elevados estratos da sociedade, incluindo o alto clero, como conselheiras espirituais, místicas iluminadas e intercessoras providenciais. *Embora a estigmatização das mulheres como "filhas de Eva", sujeito e objeto da luxúria e do pecado, prosseguisse entre os discursos eclesiásticos, a complexa realidade social impunha-se à cena histórica.*

Sugestões de leitura

HOPING, Helmut. *My Body Given For You*: History and Theology of the Eucharist. San Francisco: Ignatius Press, 2019.

HUMPHREYS, Mike (ed.). *A Companion to Byzantine Iconoclasm*. Leiden: Brill, 2021.

JAEGER, C. Stephen. *A inveja dos anjos*: as escolas catedrais e os ideais sociais na Europa medieval (950-1200). Campinas: Kírion, 2019.

MCKITTERICK, Rosamond (ed.). *Carolingian Culture*: Emulation and Innovation. Cambridge: Cambridge University Press, 1994.

NOBLE, Thomas F. X. *Images, Iconoclasm, and the Carolingians*. Philadelphia: University of Pennsylvania Press, 2009.

Identidades religiosas e estruturas eclesiásticas: do pensamento social à crítica milenarista

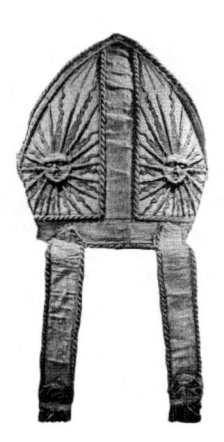

É preciso ter claro que a Igreja medieval não era uma estrutura uniforme, um bloco monolítico no interior do qual vigorava somente uma visão de mundo irradiada do topo para a base pelo papado. Seu interior era marcado pela concorrência de diferentes entendimentos sobre como ordenar a sociedade e viver conforme a verdade bíblica. Se no século XI a presença de Cristo entre os fiéis foi motivo de disputas, *no século XII, o ideal da vida apostólica se tornaria o tema que separava os segmentos que compunham a Igreja medieval e, com eles, diferenciava as maneiras de pensar a vida em sociedade.*

Em primeiro lugar, estava o monasticismo. Entre os religiosos – fossem "velhos", como os beneditinos, fossem "novos", como os que habitavam mosteiros fundados nos últimos cem anos –, encontramos a ideia de que viver como monge era imitar a vida apostólica. Tal identificação era recorrente em meio à variedade de casas e orientações religiosas. Por um lado, ela projetava sobre a vida monástica uma precedência social, na medida em que a caracterizava como tão antiga quanto a própria fé, uma vez que o modelo da vida comum teria sido instituído pelos apóstolos quando estabeleceram a primeira comunidade de fiéis, ainda em Jerusalém. Da Igreja Primitiva provinha o exemplo para a vida comum, marcada pela humildade, pela renúncia individual aos bens terrenos. Sob esse prisma, as ocupações religiosas continham em si a dignidade apostólica e precediam todas as instituições cristãs existentes. Por outro, essa mesma identificação alterava a imagem da vida apostólica. Aspectos da vida monástica eram projetados sobre o passado bíblico: os 12 seguidores de Cristo teriam priorizado a existência comum, a qual valorizavam mais do que ao ideal de evangelização; o que os distinguia não era a administração de sacramentos ou mesmo a pregação, mas uma coexistência humilde e suplicante pelos pecados humanos. Um caso emblemático em que essa ressignificação do passado bíblico funcionava como um molde ajustado para apresentar como legítimas inovações sociais e práticas coletivas específicas do presente foi proporcionado por Bernardo (1090-1153), abade de Claraval. Ao compor um elogio aos templários – a comunidade de cavaleiros sediada no Templo de Jerusalém, dedicada à proteção dos peregrinos e dos locais santificados pela presença do Salvador –, o abade se viu diante de algo inédito, reconheceu se tratar do nascimento de um novo tipo de combatente, inteiramente desconhecido nos séculos passados. Entre os motivos que o levaram a caracterizar os templários como guerreiros louváveis e a morte infligida no campo de batalha como uma ação gloriosa, estava o fato de que eles não eram apenas cavaleiros, mas também monges que viviam conforme a "perfeição evangélica": entre eles, disciplina e obediência eram obrigações cotidianas; limitavam-se ao estritamente necessário quanto ao vestuário e à alimentação; viviam juntos em fraternidade, sem esposas ou filhos; não possuíam nada de próprio e seguiam o superior em tudo; não se corrompiam por ouro e prata; entre eles, a caridade assumia o lugar de práticas que consideravam fúteis, como a falcoaria ou jogos, dados ou xadrez; não eram vaidosos; não encaravam o campo de batalha como uma cena para exibir *status*, poder e riqueza. O zelo e a pureza espiritual eram não só a certeza de lutar e morrer por Cristo, mas igualmente motivo para alegrias entre os cristãos. Afinal, prosseguia Bernardo, aqueles que acorriam aos templários viviam até então como párias: sacrílegos, homicidas, adúlteros. De opressores faziam-se protetores da sociedade, tal como Saulo de Tarso foi transformado no apóstolo Paulo. Os templários emergiam como a retomada de certos ideais ancestrais, bíblicos.

Deter a capacidade de fazer reconhecer a vida apostólica era reter a autoridade para legitimar certas práticas, modelando, assim, as relações sociais.

Porém, o exercício de tal autoridade esbarraria em concorrentes. Congregações de cônegos seculares também se apropriavam da representação da vida apostólica e imprimiam sobre ela características que refletiam seu próprio modo de vida. Sob seu prisma, os apóstolos, assim como os cônegos, levavam uma existência regrada, comprometidos com a pobreza, a obediência, a castidade. No entanto, o elemento mais marcante da identidade apostólica era a pregação. O ideal de uma vida comum, tão caro à perspectiva monástica, continuava em cena, mas em segundo plano, à sombra do empenho pela pregação, pela evangelização do mundo. A vida apostólica era, assim, redesenhada. A mensagem por ela emitida não era um chamado para ingressar em uma comunidade separada do mundo, mas para tornar-se exemplo da conduta cristã em meio aos fiéis. Os apóstolos ressurgiam como os primeiros cônegos: formaram um colégio clerical e levaram adiante o trabalho pastoral, o cuidado das almas. Aliás, os destinatários de tal zelo pastoral não eram meros receptores desse cuidado, mas se comportaram, eles próprios, como uma terceira instância de promoção da vida apostólica. Os laicos imitavam o exemplo evangélico sem renunciar à sua condição social – sem se tornarem monges ou clérigos. À medida que buscavam o ideal bíblico, o reescreviam à sua imagem e semelhança: agora, os apóstolos surgem como um modelo da libertação cristã, um testemunho de fé que se manifesta espontaneamente, em cada crente, em pleno convívio social. Para servir a Deus, basta adotar o Evangelho como regra de vida e pregá-lo em meio a homens e mulheres. Tratava-se de um modelo oriundo da vida temporal e a ela dedicado: os apóstolos, diziam os seguidores de Pedro Valdo – o mercador de Lyon mencionado na seção "A Inquisição e a sociedade medieval", que renunciara a todos os seus bens e se dedicara à pregação –, eram homens laicos e iletrados – isto é, instruídos em uma língua local, mas incapazes de ler em latim –, convocados por Cristo para cumprir o dever de espalhar a palavra da salvação, motivo suficiente para traduzir os salmos e os evangelhos para uma língua vernácula. O

Novo Testamento valdense era uma versão entre muitas que se multipli-cavam na segunda metade do século XII: livros das Sagradas Escrituras surgiam em francês e italiano arcaico, sem contar com a autorização dos bispos locais. A Bíblia foi alçada a meio pelo qual os laicos contestavam a imagem da Igreja como sinônimo de uma instituição exclusivamente clerical, sendo reivindicada a inclusão de um apostolado protagonizado por e acessível a fraternidades laicas.

Representação da pobreza (à direita),
em um manuscrito do *Romance da Rosa*.
[British Library, Londres]

Na virada para o século XIII, a religiosidade – provedora de premissas e conceitos que moldavam a compreensão da vida em sociedade – enfren-tava o desafio de reconciliar as crenças cristãs com a imagem do mundo. Afinal, esta última era drasticamente alterada pelo crescimento das cida-des. *O dinamismo urbano fazia mais do que confrontar o clero com pressões demográficas que exigiam os serviços pastorais em larga escala, atendendo às demandas espirituais das multidões. Ele alterava as condições em que deveria ocorrer o contato com Deus.* A principal delas consistia na onipresença da desigualdade e da pobreza. Nos séculos anteriores, as possessões e as rendas ofertadas a igrejas e mosteiros elevavam o doador espiritualmente: ele se tornava um "pobre de Cristo" – o que significava que ele traduzia em ação o exemplo da caridade encarnado por Deus, de quem sua alma se tornava um pouco mais próxima –, sem renunciar à sua posição social. Então, era possível sacralizar a riqueza, porque os miseráveis formavam um contingente difuso em meio à exploração dos campos e à vida rural, dispersos de tal forma que sua condição parecia uma espécie de estado decorrente do pecado, não uma consequência da economia agrária. Agora, a pobreza emergia como uma completa ausência de meios materiais, uma impotência que recaía sobre quem se equilibrava na fronteira entre exclusão social e mundo do trabalho. Era percebida como uma condição de desamparo que povoava ruas e pórticos de igrejas, no mesmo compasso em que crescia a fortuna de mercadores e da elite citadina.

Sob o ponto de vista dos clérigos e, principalmente, dos laicos que habitavam as cidades, para seguir o exemplo dos apóstolos, já não bastava viver em comunidade como monge ou se dedicar à pregação feito um cônego secular; era necessário acolher a pobreza integralmente, fazendo da humildade e da austeridade um estado de repúdio a toda forma de posse material – de toda cobiça e avareza, dir-se-ia então –, localizando a fonte terrena de desabrigo e penúria que grassavam no interior das cidades. Com efeito, *ao pressionar por uma modificação do entendimento sobre as práticas coletivas que levavam à salvação, o avanço da economia urbana nutriu o crescimento de comunidades moldadas por novo entendimento a respeito da ética apostólica.* Um crescimento vertiginoso, como pode ser constatado com os chamados *Humiliati.* O nome originariamente identificava um grupo de homens e mulheres que, casados e mantendo seu trabalho secular, abraçavam a pobreza voluntária, o despojamento de vestes e comida, cumpriam penitências em suas próprias casas. Mesmo condenados pela Santa Sé em 1184, os *Humiliati* se espalharam pelo norte da península itálica: somente na cidade de Milão contabilizavam cerca de 150 casas. Em pouco tempo, outro ramo surgiu sob esse mesmo nome: comunidades de celibatários, em que homens e mulheres viviam de modo monástico – embora não professassem nenhuma regra existente – e pregavam frequentemente em ruas, praças e mercados. Em 1201, talvez reconhecendo o valor dos *Humiliati* para o combate às heresias, sobretudo ao catarismo, o papado reabilitou o movimento como uma ordem religiosa.

O trânsito dos *Humiliati* na fronteira entre a heresia e a ortodoxia demonstrava que a vida apostólica era não apenas uma ideia plural, multiforme, mas também, em muitos casos, paradoxal. As contradições enfrentadas na adoção desse modelo de vida ficam ainda mais evidentes quando nos voltamos para os franciscanos. Uma das mais conhecidas ordens religiosas da Idade Média, a franciscana surgiu do impacto gerado sobre as turbulentas cidades pela conversão de um filho de um mercador de tecidos. Em 1206, Francisco Bernardoni (1182-1226) deixou para trás a vida de cavaleiro ao retornar do teatro da guerra travada entre os aliados do papado e os partidários do imperador. Dois anos depois, segundo relatos repletos de divergências a respeito da vida do futuro santo – como "Primeira Vida" e "Segunda Vida" de Tomás de Celano (c. 1200-c. 1265) e a chamada "Legenda dos Três Companheiros" –, sua mente teria sido tomada pela certeza de que Deus o havia chamado para restaurar a Igreja Católica vivendo de acordo com o Evangelho. Para isso, não bastava desfazer-se das posses pessoais e viver do patrimônio acumulado por mosteiro ou abadia. Para Francisco, era preciso despojar-se da riqueza individual e coletivamente – isto é, como uma conversão pessoal e como um modo de vida comunitário –; buscar a subsistência por meio da mendicância; pregar o arrependimento e a penitência de modo itinerante, jamais preso a terras, edificações e estabelecimentos religiosos. Era necessária completa nudez material – condição que anunciou publicamente ao despir-se de suas roupas na presença do bispo e, perante os olhos da população de Assis, doando-se integralmente ao propósito de preparar a humanidade para a chegada do reino de Deus. Sua dramática conversão atraiu seguidores de todo espectro social, desde camponeses e trabalhadores rústicos até jovens cavaleiros portando cores da alta aristocracia urbana. Precisamente nesse ponto, um traço crucial despontava: seguir Francisco implicava viver em plena igualdade. As diferenças sociais tornavam-se atributos de uma vida anterior, que ficara para trás no momento em que se dava o ingresso naquela congregação. Tratava-se de um igualitarismo absoluto que se revelaria impossível de ser mantido.

O pensamento econômico franciscano

"A utilização de um bem material, se alguém o quiser, não coincide com o direito à sua propriedade. É a vontade de fazer uso das coisas e do dinheiro para satisfazer necessidades e desejos, cujo significado e valor são desconhecidos, que torna a riqueza e o comércio ética e socialmente significativos. No caso desta consciência, 'usar' as coisas pode significar não possuí-las e descobrir nelas qualidades úteis que nada têm a ver com apropriação. Comer, beber, viver, vestir-se, viajar e estudar podem fazer parte da vida de um evangélico em situação de pobreza, porque são todos comportamentos fundados não na apropriação indefinida de objetos, mas na fruição factual e temporária de coisas úteis. O indigente voluntário é capaz de descobrir nas coisas, mas também no dinheiro, um valor que ninguém pode possuir, mas que torna as coisas valiosas para a vida social. Portanto, é natural que procure conhecer cada vez melhor a forma de determinar esse valor, que não é fácil de apreender, e que procure aprender a utilizá-lo para tornar a sua vida o mais próxima possível dos modelos da perfeição cristã."

(TODESCHINI, Giacomo. *Franciscan Wealth*: from Voluntary Poverty to Market Society. Saint Bonaventure: The Franciscan Institute, 2009, pp. 101-3; tradução minha).

A ordem que vivia em total despojamento cresceu vertiginosamente. Grupos de frades foram enviados à *Germania*, Hungria, *Hispania*, Gália. Com o crescimento, as demandas práticas se multiplicaram. Para levar adiante a atuação missionária, era preciso contar com homens preparados, conhecedores das Escrituras e capazes de comunicá-la em diferentes línguas. Isso, por sua vez, exigia a posse de livros e de instalações para conduzir a formação de tais pregadores. Era ainda preciso construir igrejas onde os frades pudessem administrar os sacramentos. Fato foi que entre 1209, o ano em que Inocêncio III concedeu aprovação ao estilo de vida adotado por Francisco e seus companheiros, e 1245, quando Inocêncio IV assegurou que os bens doados à ordem franciscana eram de propriedade da Santa Sé – de maneira que, ao utilizá-los, a ordem não violava a determinação da Regra, segundo a qual frades não poderiam possuir direitos de propriedade –, a atuação missionária levou à sedentarização do movimento, que passava a contar com conventos, noviciados, bibliotecas, casas; sempre instalados no interior das cidades. O igualitarismo absoluto instituído por Francisco esbarrava ainda em outro desafio repleto de implicações econômicas: a necessidade de formação intelectual para o treinamento dos missionários. A posse de livros, o ingresso em escolas urbanas, o conhecimento da tradição patrística: em pouco tempo, os franciscanos assumiram características de uma elite letrada, atraindo, assim, doações e concessões patrimoniais de aristocratas, reis, rainhas. Tal transformação ocorreu em meio a fortes tensões entre os frades menores. Aos chamados *conventuais*, que aceitavam a constituição de um patrimônio eclesiástico para a ordem, opunham-se os *espirituais*, intransigentes na defesa do ideal primitivo de pobreza do fundador. A divisão se aprofundou em meados do século XIII, quando a organização da ordem passou a contar com um novo desenho institucional: distribuída em províncias, que elegiam um ministro geral; que, por sua vez, era responsável pela realização de uma assembleia geral a cada três anos. Uma tentativa de pôr fim às disputas em torno da memória sobre a fundação de Francisco foi realizada durante o generalato de Boaventura de Bagnoregio (c. 1217-1274), que declarou seu relato sobre a vida de Francisco como "a vida oficial do santo". O resultado foi a elaboração de um registro no qual episódios seminais da origem da ordem surgem amenizados, destituídos de seu caráter controverso, como a relação entre evangelização e cultura letrada, ainda, entre a pobreza e a edificação de igrejas e conventos. Essa versão da vida de Francisco foi aprovada na assembleia geral de 1263 e, na de 1266, expediu-se a determinação de que os franciscanos não lessem qualquer outro relato sobre o fundador: as demais vidas deveriam ser destruídas. Apologista da compatibilidade entre a pobreza e o desenvolvimento institucional por 17 anos, Boaventura consolidou a estrutura organizacional, mantendo os radicais sob controle. Entretanto, a disputa entre conventuais e espirituais não cessou – só foi contida pela autoridade do ministro-geral da ordem. Com efeito, após sua morte, a divisão se aprofundou, ganhando ares de uma ruptura incontornável. Nas décadas seguintes, a expressão "uso pobre" tornou-se palavra de ordem para os espirituais, que, por meio dela, aludiam à condição seminal para tornar-se um frei: não bastava renunciar à propriedade, pois era preciso restringir o uso de recursos materiais às necessidades mais elementares. A ameaça representada por tal lógica pode ser percebida na atuação do papa João XXII, que ordenaria a dissolução das comunidades espirituais. Condenados como heréticos e encarcerados, aqueles que se mantiveram obstinados foram entregues ao inquisidor da Provença em 1318, resultando em mortes na fogueira. João XXII declararia que a ideia de que Cristo e os apóstolos viveram em pobreza absoluta era um grave erro. Em 8 de dezembro de 1322, o papa renunciou à propriedade da Santa Sé sobre o patrimônio franciscano. A ordem tornava-se proprietária de fato e direito.

O RACIONALISMO LETRADO E SEU IMPACTO NA IGREJA

Enquanto as implicações da pobreza apostólica provocavam ruptura entre papa e franciscanos, no sul da Gália um frei se encarregava de detectar, interrogar e, amiúde, de punir os grupos declarados pela Santa Sé opositores da fé comum. Seu nome era Bernardo Gui (1261?-1331). Inquisidor de Toulouse por quase duas décadas – de 1307 a 1324 –, Bernardo sentenciou centenas de casos. A vasta experiência acumulada foi mobilizada na redação de um manual para futuros inquisidores, intitulado *Prática da Inquisição da depravação herética*, mais conhecido simplesmente por *Prática*. Como documento, o manual é de grande valor, lançando luz sobre a história da Inquisição e das formas de perseguição de minorias e dissidentes. Seu texto foi dividido em cinco partes. Entre o registro das fórmulas adequadas para citação e a captura dos hereges, da distinção daqueles que deveriam tomar parte do processo inquisitorial, da imposição das sentenças e da eventual comutação das penas, chama atenção a quarte parte. Ela consiste em uma curta instrução sobre o poder inquisitorial: seus fundamentos, seu alcance e exercício. A seção está repleta de divisões e subdivisões, pensadas para impor uma ordem a uma massa de extratos retirados de éditos imperiais, consultas a juristas, bulas e constituições apostólicas. Aqui está o motivo pelo qual evoco Bernardo Gui e sua *Prática*. Mesmo que ele não a tenha organizado por inteiro – talvez sua ordem final seja obra de inquisidores e copistas posteriores –, ela não só informa a respeito da organização dos tribunais inquisitoriais, mas também evidencia outro aspecto de larga relevância para a Igreja dos séculos XIII e XIV: a influência do racionalismo cristão sobre as práticas eclesiásticas.

Bernardo era frei, mas não era franciscano. Ele integrava as fileiras de outra ordem medicante surgida cem anos antes, os dominicanos, assim denominados em razão de seu fundador, o cônego regular Domingos de Osma (1170-1221). No verão de 1203, quando acompanhava seu bispo – Diego de Osma (?-1207) – em uma missão até a Dinamarca, Domingos

travou o primeiro contato com cátaros e valdenses no Languedoc. A estadia em Toulouse o teria confrontado com a constatação de que as missões
evangelizadoras, até então lideradas pelos monges cistercienses em nome
do papa, fracassavam. Três anos depois, os dois hispânicos decidiram se
juntar à empreitada. Aos seus olhos, o combate contra os "perfeitos" – a
elite religiosa entre os cátaros – devia ser feito através do exemplo, encar-
nando o ideal evangélico: renunciar à propriedade individual, lançar-se à
pregação itinerante e obter, da caridade alheia, abrigo, comida e vestes.
Mas Domingos fazia mais do que reeditar a via franciscana. Em ao menos
dois aspectos, suas ações se diferenciavam daquelas realizadas pelo pobre
de Assis: o primeiro consiste na adoção da *Regra de Santo Agostinho* como
modelo institucional, obtendo, desse modo, um modelo pelo qual gerar
a riqueza coletiva acumulada; em segundo lugar, a fraternidade que se
formava em torno de Domingos tomava como sua tarefa sublime instruir
a sociedade nos corretos rumos da compreensão da fé. Noutras palavras,
os dominicanos surgiam com uma explícita vocação intelectual, aspecto
que pode ser confirmado pela geografia religiosa adotada pela ordem. Em
1217, quando a guerra avançou novamente sobre Toulouse, Domingos decidiu enviar frades para outras regiões. Alguns seguiram para Paris, outros
para Bolonha, entre outros destinos. Instalando-se em Paris e Bolonha,
os dominicanos buscavam não só aprimorar sua educação teológica, mas
também recrutar novos frades entre os principais centros intelectuais. Nas
décadas seguintes, aqueles que ingressavam na ordem eram bacharéis em
Direito, mestres em Teologia. Em meados do século, a ordem se tornara
uma espécie de grande rede de conhecimento, disseminada por uma malha
de escolas provinciais e difundindo o ensino do "livro dos pagãos" – a obra
de Aristóteles –, da filosofia, da teologia moral e dogmática, dos Direitos
Canônico e Civil. Àquela altura, os dominicanos já eram modelo institucional para outras ordens mendicantes, inclusive os franciscanos.

Paris, Bolonha, Oxford, Montpellier, Colônia. Os dominicanos
se tornaram uma rede cosmopolita e bem articulada de recrutamento
da inteligência cristã. *Tomava forma um novo capítulo na história do racionalismo cristão, cuja principal inovação consistia na aplicação da lógica
aristotélica, como a gramática filosófica, a moldar a investigação sobre as
verdades da fé.* As coordenadas necessárias para percorrer e revisitar a
tradição cristã – sem incorrer em heresia – vieram do uso generalizado
das *Sentenças* de Pedro Lombardo (1096-1160), outrora bispo de Paris.

Redigida como uma compilação de julgamentos a respeito do que prescreviam os Pais Fundadores e os dogmas, a obra de Lombardo estava dividida em quatro livros: sobre os atributos de Deus; a respeito da criação; natureza e obra de Cristo; sobre os sacramentos. Nos escritos do bispo, jaziam algumas das soluções para conciliar premissas e conclusões patrísticas com a autoridade do texto bíblico, extraindo um quadro coerente do inesgotável e contraditório montante de escritos ortodoxos acumulados na senda dos séculos. Incorporadas como texto básico dos cursos de Teologia, as *Sentenças* proporcionavam as rotas para a aplicação da dialética sobre antigos problemas – as célebre *Questões* – teológicos. Pavimentava-se o caminho que levaria à elaboração das *Sumas*, as grandes sínteses do conhecimento letrado cristão, das quais a mais conhecida consiste nos multivolumes da *Suma teológica* de Tomás de Aquino (1225-1274). Os esforços de Aquino para reunir e conciliar o que considerava "a verdade revelada pela graça divina" com aquela que os antigos gregos concebiam como "inerente à natureza dos homens" decorriam da formação de um novo cenário intelectual na Cristandade. Desde o final do século XII, o mundo latino passou a contar com um acervo significativamente ampliado de obras e intérpretes de Aristóteles. À leitura do conhecido *Organon*, conjunto de seis livros sobre lógica, somaram-se o acesso à *Metafísica*; ao tratado *Sobre a alma*; à *Física*. Além desses livros, circulavam entre as cidades e as escolas as traduções dos comentadores árabes de Aristóteles, como Averróis (1126-1198). Contudo, essa atmosfera intelectual provocou embates. Havia a concorrência entre os mestres de Teologia e os das Artes Liberais pela adoção do racionalismo grego e árabe a respeito de temas vitais para a tradição, como a relação entre alma e corpo, entre forma e matéria: seguindo Aristóteles, Aquino assegurava que o ser humano era composto de matéria (seu corpo) e forma (sua alma), sendo ambos necessários para sua existência. Contudo, é a forma que confere ao ser sua identidade. Imaterial e destinada a sobreviver ao corpo, a alma, porém, formava com ele uma unidade primordial. Em meio a protestos, os tradicionalistas mantinham que a alma era composta por forma e matéria distintos do corpo, de tal modo que os homens possuem uma pluralidade de formas. Enfrentando a discordância de mestres das artes liberais e teólogos franciscanos, a filosofia tomista esbarraria na oposição de figuras proeminentes: em 1277, o bispo de Paris e outrora chanceler da Sorbonne, Étienne Tempier (1210-1279), publicou uma epístola condenando 219 erros ensinados em Paris. É tarefa dificílima identificar quem, objetivamente, foi assim condenado, já que as censuras visadas abarcavam proposições das mais diversas, que incluíam desde a natureza de Deus até a moralidade cristã, e alcançavam o que era ensinado por uma série de estudiosos, entre os quais Tomás de Aquino. A lista de Tempier não foi um fato isolado. Outras 15 listas de erros foram elaboradas entre os séculos XIII e XIV. No entanto, o racionalismo cristão não foi detido – como se pode inferir das necessidades de condenações constantes por parte dos tradicionalistas.

A atuação dominicana era inseparável de uma criação medieval que transformaria profundamente a história da Igreja: as universidades. À medida que as cidades cresciam e tornavam-se palco de longas conexões mercantis e de novas formas de sociabilidade, *as elites urbanas passavam a pressionar os poderes estabelecidos – dos bispos aos monarcas – pela possibilidade de uma inserção educacional que ultrapassasse aquela proporcionada pelas escolas catedrais ou monásticas.* Frequentemente seguidos por multidões de alunos, os próprios mestres buscavam novas posições no cenário urbano. Foi em resposta a essas pressões que, na passagem do século XI para o XII, mestres e alunos seguiram o exemplo de mercadores e artesãos e começaram a formar corporações de ofício – sendo o trabalho, neste caso, a própria atuação intelectual – para assegurar reconhecimento e proteção por parte das autoridades. As universidades surgiram gradativamente como tais corporações. Em Bolonha, uma das mais antigas universidades do mundo latino, foram os estudantes que se organizaram como um só corpo social, muitas vezes em oposição ao governo da comuna e mesmo aos professores, controlando, inclusive, o pagamento devido a esses. Já em Paris, foram os mestres que se estabeleceram como uma guilda, controlando todo o processo educacional e resistindo às tentativas de regulação por parte do bispo local. Um pouco mais nebuloso foi o estabelecimento da Universidade de Oxford; porém, é provável que tenha decorrido da atração exercida por esse centro comercial e jurídico sobre mestres de outras regiões. As universidades comportavam diferentes identidades coletivas, que transpareciam em suas prioridades intelectuais. Bolonha era, acima de tudo, um centro de estudo do Direito Civil e Canônico; já Pádua e Montpellier se destacavam pelo ensino do saber médico; em Paris e Oxford, era o considerado mais elevado ramo do saber que atraía alunos de diversas "nações": a Teologia. Ao longo dos séculos XII e XIII, as universidades foram alvo de legislações imperiais, régias e pontifícias. Por volta de 1155, por exemplo, o imperador Frederico I (1122-1190) colocou os estudantes de Bolonha sob sua proteção e assegurou àqueles que fossem laicos a mesma imunidade perante as leis urbanas de que usufruíam os estudantes clericais. O privilégio ganhou contornos paradigmáticos e foi reproduzido em diferentes regiões da Cristandade. Em 1200, o rei francês Felipe Augusto determinou que nenhum homem atacasse os estudantes de Paris, nem que conde ou juiz pusesse suas mãos sobre eles. O privilégio foi redigido pouco depois que os mestres locais solicitaram à Coroa reparação pela morte de cinco estudantes pelos sargentos do preboste da cidade. O papado concedeu privilégios com frequência ainda maior, assegurando, por exemplo, a manutenção de benefícios eclesiásticos – a renda atrelada à ocupação de uma função clerical – aos universitários ou a concessão da licença para que os professores pudessem ensinar em qualquer universidade da Cristandade. Havia ainda as isenções de taxações, a prerrogativa de não serem julgados por tribunais exteriores à cidade em que residiam, além dos privilégios – empréstimos, isenção do serviço militar, o não pagamento de aluguéis e de impostos sobre mercadorias como vinho – concedidos pelas cidades medievais. Ainda assim, realezas, império, Santa Sé e comunas não converteram as corporações em satélites da sua autoridade: a autonomia educacional e jurídica prevaleceu de 1200 em diante. Com efeito, isso significa não só que as universidades detinham poder para estabelecer seus próprios regulamentos e para recrutar, recompensar e punir seus membros. *A autonomia tornava a educação universitária um fenômeno de grande impacto social e cultural*: seus currículos abriam possibilidades concretas de mobilidade social e de ingresso em redes regionais de patronato e proteção; seu sistema de carreiras impulsionava o individualismo como norma coletiva, uma vez que o desempenho intelectual poderia se sobrepor ao *status* derivado do nascimento e da fortuna; seu influxo de estudantes e mestres, mesmo quando a maioria não pertencia à aristocracia, movimentava a economia monetária como um polo de consumo permanente e aumentava a concentração de capital humano – como juristas – que proporcionavam a segurança dos contratos, advogavam disputas locais, esclareciam o alcance de jurisdições, definiam obrigações de governantes e governados, assegurando, assim, a estabilidade das crescentes relações de mercado.

Do racionalismo cristão à santidade

A difusão do racionalismo entre as elites cristãs marcou profundamente a relação com o mundo espiritual, como fica evidente quanto à crença nos santos e nos milagres. Embora o surgimento da santidade permanecesse um assunto local e marcado pela religiosidade popular, o período que se estende de 1170 a 1230 foi palco de uma profunda transformação, com o processo de canonização tornando-se um empreendimento cada vez mais racional e judicializado levado adiante sob a direção do papado, cujos membros encaravam o reconhecimento da santidade como sendo de sua competência exclusiva:

"O processo básico, ou se mesmo ideal, de canonização é bem conhecido. Primeiramente, havia um candidato a santo, um indivíduo especial que morreu em odor de santidade e que era considerado possuidor de poder divino. O carisma do potencial santo já havia se manifestado durante a sua vida, mas se refletiu especialmente nos milagres *post mortem*. Em segundo lugar, era necessário que existisse um culto, e os peregrinos já tinham de estar a afluir ao potencial santuário do santo antes que o papa concordasse em abrir um inquérito judicial sobre a vida, os méritos e os milagres do candidato aos altares. A abertura de um processo foi muitas vezes o resultado de um *lobby* ativo por parte de agentes locais, tanto seculares como clericais.

Quando o papa decidia abrir um processo, ele nomeava comissários, geralmente três, para conduzir as audiências e se encarregar do interrogatório, que ocorria no lugar do culto. Inspetores locais ou promotores de culto cuidavam dos aspectos práticos, organizavam locais de audiência e convocavam testemunhas.

[...] Além de serem responsáveis financeiramente pelo processo, os promotores avançavam no empreendimento: recolhiam as provas iniciais de santidade, como milagres registrados que ocorreram no túmulo ou noutro local de culto, e reuniam cartas de apoio de autoridades eclesiásticas e seculares. Essa documentação era então entregue ao papa, a quem era solicitada a abertura de um processo, além da emissão de uma *comissio* [uma comissão]. Se o processo fosse aberto, os promotores – ou ocasionalmente os inspetores – formulavam os *articuli*, as perguntas detalhadas sobre a vida e os milagres do candidato. O inspetor muitas vezes trabalhava em estreita colaboração com os promotores. Ele ou eles cuidavam da organização prática real, por exemplo, encontrando pessoas adequadas e com conhecimento para testemunhar.

[...] Após o inquérito *in partibus* [junto ao local de culto], os documentos de canonização eram enviados à Cúria papal. [...] Os cardeais consideravam os prós e os contras do caso, incluindo se o candidato tinha manifestado a virtude divina e se os milagres relatados eram genuínos. [...] Se a Cúria fosse favorável ao candidato, todo o processo terminava com a produção de uma bula oficial de canonização e o candidato era incluído na litania dos santos."

(KATAJALA-PELTOMAA, Sari; KUULIALA, Jenni. Pratical Matters: Canonization Records in the Making. In: KATAJALA-PELTOMAA, Sari; KUULIALA, Jenni; MCCLEERY, Iona (eds.). *A Companion to Medieval Miracle Collection*: Reading Medieval Sources. Leiden: Brill, 2021, pp. 78-80; tradução minha).

Um dos principais impactos da universidade sobre a Igreja medieval consistiu na torrente de traduções que passou a inundar o mundo cristão. Eruditos transpuseram para o latim as numerosas versões de textos científicos e filosóficos originalmente dispostos em grego, hebraico e árabe – entre os quais, as obras já mencionadas de Aristóteles. A porta de entrada para as traduções eram a *Hispania* e a Sicília, onde a fronteira com o Islã proporcionava trocas culturais. Se as obras traduzidas se mostrassem impenetráveis para os alunos, havia manuais de Astronomia e Cosmologia, que circulavam especialmente nas Faculdades de Artes Liberais, nas quais a obra aristotélica exercia imensa influência. Era o caso de obras como *Sobre a esfera* e *O Cômputo*. Esta última versava sobre os cálculos necessários ao calendário cristão; já a primeira continha os traços fundamentais do conhecimento medieval sobre o cosmos, trazendo a descrição da Terra e dos céus como esferas – ao contrário do que usualmente pensamos, mestres e estudantes medievais não consideravam a Terra plana. Entre 1050 e 1200, as elites do mundo latino, em especial as eclesiásticas, adquiriram uma consciência mais apurada a respeito da existência de textos antigos e de sua relevância para a compreensão do mundo e das verdades teológicas. *As universidades selaram a entronização da lógica sobre os demais ramos do conhecimento.* Nos currículos universitários, a lógica figurava como instrumento capaz de proporcionar uma ordem às formas do saber, era a ferramenta que permitia acessar tanto o interior da natureza quanto as proposições essenciais da fé. Seu emprego – sobretudo na forma da dialética – figurava como meio capaz de minimizar os conflitos existentes no interior do vasto legado deixado pela tradição cristã ou, ainda, entre os ramos do conhecimento. Nos séculos anteriores, a retórica e a gramática gozaram de elevado prestígio, especialmente na época carolíngia; agora, porém, esse predomínio era superado pelo impacto da lógica, epicentro do racionalismo universitário. *O deslocamento disciplinar abria novo horizonte à investigação e à experimentação.* A Filosofia natural, a cosmologia, a Geometria e a Ótica ganhavam nova magnitude no interior da cultura eclesiástica. Ciências naturais formaram um campo de saberes instrumentais não apenas para a Medicina ou mesmo o Direito, mas também para a própria Teologia, que se tornava, assim, um campo intelectual marcado por tensões discursivas. Isso era particularmente marcante entre frades: em diferentes universidades, franciscanos e dominicanos concorriam pelo desafio de assimilar aos estudos teológicos ideias como a eternidade do mundo, o naturalismo da condição humana, o poder dos corpos celestiais, o conhecimento através da abstração pelos sentidos. Por volta de 1300, a visão religiosa do mundo era crescentemente influenciada pelas noções de evidência e demonstração.

Outro domínio em que reencontramos o racionalismo cristão consiste na difusão das catedrais góticas. A catedral era a igreja matriz de uma diocese, o local onde oficiava o bispo e junto ao qual residiam os cônegos – a hierarquia eclesiástica secular. Era, assim, o centro do ideal de uma comunidade cristã eminentemente urbana. Ela simbolizava não apenas a presença clerical, mas também a identidade e o dinamismo de uma cidade. A partir do século XII, as igrejas catedrais se beneficiaram do crescimento demográfico e econômico que perpassou o Ocidente, tornando-se destino da riqueza obtida junto aos mercados locais e ao comércio de longa distância, permitindo aos bispos dispor da doação e da taxação regulares de mercadores, banqueiros e artesãos, que passavam, assim, a custear os planos episcopais de reedificação da igreja existente ou de construção de novos templos. Ainda que tenha sido imposto, chegando a esgotar a população economicamente, esse afluxo de riquezas se dava em virtude da representação das catedrais como polos sagrados, como o espaço que permitia alcançar uma proximidade com os destinos celestiais – um forte apelo para as elites urbanas em sua busca por expurgar-se do pecado e assegurar a salvação das almas. Esse enraizamento urbano fez das catedrais o epicentro de uma sociedade ordenada: a construção ou a reconstrução das catedrais ocorria em várias etapas e poderia durar décadas a fio. Durante esse período, gerações de uma mão de obra altamente qualificada, repertórios tecnológicos inovadores e um enorme suprimento de materiais convergiam para aquele local, que era transformado, desse modo, no ponto mais visível de concentração da racionalidade teórica e prática do trabalho urbano. Além disso, ao longo daquelas décadas, cada novo estágio arquitetônico concluído tornava-se motivo para celebrações protagonizadas pelo clero local; assim ocorria especialmente quanto aos altares, consagrados perante grandes multidões. Antes mesmo da conclusão dos trabalhos de construção, a crescente população das cidades – desde construtores e artistas que davam formas ao espaço até os simples fiéis que compunham a audiência religiosa – acostumava-se a convergir para aquele sítio, cujo edifício gravava em pedra a busca urbana por novas linguagens a respeito do sagrado e dos efeitos de um mundo do trabalho cada vez mais dinâmico e pungente.

Essa atmosfera econômica alimentaria a ênfase do gótico sobre a representação do espaço sagrado como proporcional, geometricamente escalonado, caracterizado pela abertura à luz e ao exterior. Certamente, havia ainda outras razões: na virada para o ano 1200, a Igreja romana difundia a imagem de uma Cristandade sitiada pela heresia, e as catedrais, como eixos da autoridade dos bispos, emergiam como o palco monumental onde deveria ser ensinada a correta mensagem da Igreja, policiada a dissidência e esclarecidos os fiéis. Eram, assim, nexos vitais de elite eclesiástica voltada para uma visão teológica racionalmente organizada e hierarquizada. Não se pode deixar de mencionar o papel desempenhado pelos reis, para os quais a construção de edificações eclesiásticas era empreendimento voltado a reforçar o papel da realeza como força ordenadora da vida em sociedade. O patronato régio às construções projetaria o *status* de que deveria gozar o monarca: sua posição em face dos demais poderes cristãos era análoga à de Deus perante a criação, era o centro luminoso que irradiava a ordem e o controle sobre o vasto "corpo místico de Cristo", isto é, a própria sociedade, em seus diferentes segmentos. *As catedrais góticas materializavam uma variedade de interesses, e surgiam como a intersecção entre o econômico, o político, o religioso, o artístico e o litúrgico*, demonstrando que separá-los como diferentes esferas da vida social é inadequado quando se trata da Igreja medieval.

A arquitetura e a arte góticas uniam essas numerosas facetas sob um mesmo traço: o de uma estética racionalista, a começar pela disposição do espaço. No interior de uma catedral, o volume da edificação é delimitado por uma busca pela precisão geométrica, o que afeta a disposição das paredes, da abside e dos tetos, bem como a de vitrais, esculturas e tímpanos, de tal modo que todos despontem como variações de uma mesma medida do espaço. A uniformidade – ou a "progressiva divisibilidade do espaço", como diziam os historiadores da Arte da primeira metade do século XX – faz com que cada segmento do edifício gótico esteja interligado em termos lógicos, formando um conjunto de formas e temas harmoniosamente dispostos. Além disso, a efusão da luz sobre o espaço, o aspecto essencial do gótico, deveria proporcionar aos fiéis uma imitação do paraíso, retratado em pedra como um todo ordenado, divinamente distribuído em uma hierarquia de níveis. O ideal de beleza expressado pelo gótico era matematicamente traduzível e encontrava na proporcionalidade dos objetos materiais – pedra, madeira, vidro – a garantia de espelhar a harmonia divina. Essa geometria sagrada era ensinada nas escolas catedrais do século XII e nas Faculdades de Artes Liberais no interior das universidades nos séculos XIII e XIV, onde eram formados arcebispos, bispos e mestres-construtores que implementavam a arquitetura gótica. Ademais, o modo de pensamento expressado através da arquitetura – em que era possível encontrar uma unidade orgânica que remetia o fiel à harmonia divina – ganhou definição mais precisa no ambiente universitário do século XIII. *Pensadores como Tomás de Aquino e Alberto Magno (1206-1280) buscaram uma permanente concordância entre fé e razão, por meio da elaboração de um sistema de pensamento abrangente, que conferisse unidade ao vasto e frequentemente contraditório universo de saberes herdado da tradição cristã.* Como os pensadores, a arquitetura gótica conferia uma ordem orgânica à totalidade do conhecimento, distribuindo-o em formas e imagens – nas esculturas dispostas na fachada, nos vitrais, nos altares –, que, por sua vez, eram dotadas de significados teológicos, morais e históricos, inspirados em passagens da Bíblia e da tradição católica, e ordenados como verdadeiras narrativas visuais. *Planejadores e construtores incorporaram à arquitetura gótica a ênfase intelectual da época, na elaboração de um sistema de elementos dispostos em uma ordem lógica e na qual cada uma de suas partes subordinava-se ao todo.* Muitas razões permitem pensar nas catedrais góticas como uma teologia aplicada.

O interior de uma catedral gótica, a igreja de Rouen na França, em foto de autor anônimo tirada por volta de 1910. [University of Notre Dame, Raclin Murphy Museum of Art, Estados Unidos]

O gótico não surgiu de uma década para outra. Os elementos que caracterizam as igrejas góticas ganharam contorno de maneira cumulativa, sofrendo influências diversas, principalmente entre o período que compreende de 1190 a 1300. A própria construção de uma catedral ocorria em fases, intercaladas por intervalos que podiam durar décadas. A arquitetura gótica era, por sua natureza processual, aberta a diversos contextos. O racionalismo cristão foi um deles.

FILÓSOSOS E CAMPONESES NA CRÍTICA À IGREJA

Frequentemente, o início do século XIV é lembrado como uma época em que a ideia da plenitude de poder dos papas foi contestada por influentes pensadores, como Marsílio de Pádua (1275?-1343?). Ideias seculares a respeito da organização e do alcance da Igreja foram então confrontadas em seu cerne. Marsílio negou a existência de um primado petrino exercido pelos papas, fulminando assim a proposição ancestral de uma superioridade do bispo de Roma sobre demais bispos e arcebispos, em razão de ter sido fundada pelo "Príncipe dos Apóstolos", São Pedro. Marsílio insistia que todos os apóstolos – e seus sucessores espalhados pelo mundo – detinham autoridade equivalente, já que receberam o ministério divino como um colegiado, em plena igualdade de prerrogativas e funções. Ademais, Marsílio emancipou o governo secular da premissa de ter sido instituído neste mundo através do papado, suposta fonte de toda autoridade. Segundo ele, a coexistência humana estava naturalmente orientada por e para um fim: a conquista e a manutenção da paz. Os cidadãos – não o sumo pontífice – delegavam aos monarcas a autoridade de "defensores da paz" e legisladores. Paz que a Igreja, em sua organização terrena, deveria acatar. Tais ideias o colocaram em rota de colisão com o papa João XXII: Marsílio buscou a proteção do imperador Luís IV (1282-1347), que estava, à época, em luta aberta contra a autoridade papal; Marsílio seria excomungado e veria sua obra, *O defensor da paz,* ser condenada como um emaranhado de erros heréticos. A marcha das ideias, porém, não foi contida. Mesmo Guilherme de Ockham (?-1349), um franciscano absolutamente convencido da existência do primado da Sé de Roma sobre todas as igrejas, circunscrevia tal primado à esfera teológica, estabelecendo o governo secular como um reino de assuntos sobre os quais a Igreja de Roma não possuía autoridade.

Entre os críticos do *status quo* religioso, lugar de destaque deve ser assegurado a John Wycliffe (1328-1384). Principal nome da Universidade de Oxford na segunda metade do século XIV, Wycliffe formulou um sistema filosófico intrincado e abrangente, incorporando a lógica ockhamista. Escritor prolífico, esse doutor em Teologia deixaria vasta obra sobre as principais questões levantadas pelos escolásticos. Além disso, tendo legado à posteridade uma série de sermões e comentários sobre o Decálogo e os Evangelhos, desenvolveu uma teologia pastoral que se mostraria capaz de rivalizar com aquela praticada pelas ordens mendicantes. Porém, seu nome é evocado, acima de tudo, pelas críticas à Igreja de sua época. Segundo Wycliffe, tanto os poderes seculares quanto os eclesiásticos haviam sido escolhidos pela Graça Divina, de modo que não só os reis, como também os papas deveriam seguir fielmente os modelos de conduta instituídos pelos Evangelhos. Guiados por essa premissa, os monarcas e os senhores seculares deveriam remover a riqueza do clero, compelindo papas e bispos a uma vida de pobreza, pregação e oração, tal qual descrito no Novo Testamento. Embora remetesse seus leitores e ouvintes a temas caros às ordens mendicantes, Wycliffe as considerava promotoras de uma espécie de religião privada, que sustentava a autoridade do papado sobre uma Igreja submersa em simonia, apostasia e blasfêmia. O doutor de Oxford negaria o realismo eucarístico, servindo-se da Física de Aristóteles para demonstrar que a crença na transformação de pão e de vinho em corpo e sangue de Cristo contrariava a própria natureza divina. E, não menos importante, traduziria a Bíblia para a língua inglesa. O nome de Wycliffe alcançou enorme influência na virada de 1400, angariando seguidores não apenas na Inglaterra – os chamados lolardos –, mas igualmente em diversas regiões da Cristandade, em especial na Boêmia, onde figuraria como alicerce de uma série de ideias professadas por pregadores locais, como Jan Hus (1375-1415), nutrindo o movimento dos hussitas em sua busca pela reforma da Igreja.

Entretanto, as ideias eclesiais que delinearam o último século da Idade Média não decorriam apenas de tratados filosóficos e de disputas sobre os sacramentos. *Uma grande parte das mobilizações envolvendo o clero e os fiéis decorria do pensamento profético e milenarista; um pensamento povoado pela certeza de viver o final dos tempos.* Ao longo da Cristandade Latina, da Inglaterra à Boêmia, vozes se erguiam para anunciar a chegada do Anticristo, evento que precedia as deflagrações profetizadas pelo livro do Apocalipse. Ainda que marcada por variações e ênfases diversas, tal visão do mundo espalhava-se pela presença de temas recorrentes: que a sociedade se encontrava moralmente arruinada; que a Igreja havia sido corrompida por ambições e privilégios mundanos; que a hierarquia – especialmente o episcopado – havia sido ocupada por hipócritas, os quais pregavam a pobreza apostólica enquanto ostentavam diariamente uma riqueza invulgar. Para os pregadores, aí estavam os sinais de que o Anticristo ganhava controle sobre a sociedade cristã. Em outras palavras, de que o ocupante da Santa Sé era o próprio Anticristo.

Em si, o milenarismo não era inédito. A certeza de viver a última idade do mundo, a etapa derradeira da existência humana, acompanhava o cristianismo desde as origens. Contudo, os eventos que povoavam o século XIV proporcionaram terreno fértil para a crença de que o Anticristo nascera: a Grande Fome de 1315-1317; a peste bubônica de 1348 e recorrente desde então; a Guerra dos Cem Anos; as revoltas camponesas; *as atribulações eram encaradas como consequências do advento do Anticristo,* cuja chegada foi prevista para 1346, 1347, 1348, 1360, 1365, 1375, 1387, 1396, 1400, 1417 e 1418. O pessimismo de vivenciar uma época de decadência, um declínio cósmico irreversível, era igualmente impulsionado pelas transformações protagonizadas pelo papado: a transladação da Santa Sé de Roma para Avignon foi denominada "Cativeiro da Babilônia", fazendo pairar sobre a cidade francesa a sombra da "Babilônia" mencionada no livro do Apocalipse; a elevação de dois papas – um em Avignon, outro em Roma – levaria os propagandistas apocalípticos a encontrar entre eles o "Anticristo Magno", a figura que arrastaria a Igreja para o Cisma e prepararia o caminho para o aparecimento do Inimigo Final, denominação para o assim chamado "Anticristo Último". Durante a primeira metade do século XV, o milenarismo radical seria professado por Wycliffe e, sobretudo, pelos hussitas. Culturalmente conectados, o professor de Oxford e os teólogos da Boêmia denunciariam o papado – não apenas este ou aquele papa, individualmente – como o "Filho da Perdição" que atuava para afastar os cristãos da Igreja invisível, revelada pela Bíblia. Influenciados pelo doutor de Oxford, os teólogos hussitas enxergavam a si mesmos engajados na batalha final contra o propagador da "anticristandade", o papado. Embora tenham tomado forma na universidade e no púlpito gótico da capela de Belém, em Praga, as pregações hussitas logo extrapolaram os limites da cultura letrada e alcançaram o campesinato, mobilizando-o para o enfrentamento contra o corpo místico do Anticristo – a Igreja terrena. A condenação por heresia e a execução de Jan Hus na fogueira, em 6 de julho de 1415, impulsionaram a radicalização do movimento hussita, que se transformaria em revolta armada a partir de 1419. A retórica milenarista seria um recurso cultural decisivo para tentar manter a precedência das correntes radicais sobre tendências moderadas existentes no interior do movimento, mantendo, assim, um engajamento não somente contra o papado, mas também contra segmentos das elites locais até o início dos anos 1430.

Execução de Jan Hus na fogueira, segundo Ulrich von Richental,
na *Crônica do Concílio de Constança* (1417).

Ainda que em menor escalada, as pregações a respeito do advento do Anticristo continuaram na segunda metade do século XV. No norte da península itálica, praças eram tomadas por multidões atentas aos anúncios proferidos por franciscanos e dominicanos. Eles, por sua vez, buscavam mobilizar a população através de um sentido de urgência quanto à correção dos costumes e da adesão a ideias e práticas mundanas levadas a cabo pela hierarquia eclesiástica. Não se tratava de anúncios vagos, imprecisos, mas iminentes. Por exemplo, em 1489, um frade franciscano afirmou que o Anticristo nasceria no dia 12 de setembro de 1506, às cinco horas da manhã. Nós nos acostumamos a caracterizar as décadas que emolduram o ano de 1500 como uma era de puro otimismo renascentista, mas em ambos os lados dos Alpes a certeza da chegada do Anticristo seguia atuante sobre o pensamento a respeito das relações entre a Igreja e a sociedade.

Sugestões de leitura

FALK, Seb. *The Light Ages*: the Surprising Story of Medieval Science. New York: W.W. Norton & Company, 2020.

LAHEY, Stephen E. *The Hussites*. Kalamazoo/Bradford: Arc Humanities Press, 2019.

LAWRENCE, C. H. *The Friars*: the Impact of the Mendicant Orders on Medieval Society. London/New York: L. B. Taurus, 2013.

SCOTT, Robert A. *The Gothic Enterprise*: a Guide to Understanding the Medieval Cathedral. Berkeley: University of California Press, 2003.